Y0-ADX-115

Margarete Mitscherlich
Erinnerungsarbeit
Zur Psychoanalyse
der Unfähigkeit zu trauern

S. Fischer

Originalausgabe
© 1987 by S. Fischer Verlag GmbH, Frankfurt am Main
Alle Rechte vorbehalten
Lektorat: Willi Köhler
Umschlaggestaltung: Buchholz/Hinsch/Walch
Satz: Otto Gutfreund, Darmstadt
Druck: Wagner GmbH, Nördlingen
Bindung: Lachenmaier, Reutlingen
Printed in Germany 1987
ISBN 3-10-049109-2

Inhalt

Vorbemerkungen – Die Diagnose gilt noch 7

1. Trauerfähigkeit der Deutschen –
   Illusion oder Hoffnung? 13
2. Nachruf auf einen Generationskonflikt 37
3. Väter, Vorbilder und der Wandel der Werte . . . 47
4. Die Toten antworten nicht mehr –
   Trauerarbeit und Trauerkrankheit 67
5. Vom Nutzen und Nachteil der Sündenböcke . . . 87
6. Israelis und Deutsche –
   Eine Generation nach dem Völkermord 97
7. Im Schatten der Verdrängung 113
8. Rückzug in die Isolation –
   Zum Beispiel Wolfgang Koeppen 127
9. »Spiel um Zeit« –
   Zu dem Film von Fania Fénelon 145
10. Leben an der Grenze – Anmerkungen
    zur Verleihung eines Kulturpreises 151

Epilog – Trauer über das Versäumte? 161

Literaturverzeichnis 167

Verzeichnis eingeflossener Literatur 170

Namen- und Sachregister 173

Vorbemerkungen –
Die Diagnose gilt noch

Nur wenige Deutsche nehmen sich die Zeit, sich mit ihrer Vergangenheit oder der ihres Volkes zu beschäftigen. Sie haben vollauf mit der Gegenwart zu tun, und vor der Zukunft verschließen sie ohnehin die Augen.
Wer heute versucht, die westdeutsche Gesellschaft aus einigem inneren Abstand zu betrachten, der kann sich nur schwer vorstellen, daß von diesem Volk und von diesem Land aus die bisher grauenvollste Menschheitskatastrophe, der Zweite Weltkrieg, seinen Ausgang nahm, ein Inferno, das mehr als 50 Millionen Menschen das Leben gekostet hat, häufig unter Umständen, denen selbst die Phantasie von Katastrophendichtern wie Dante und Grimmelshausen nicht gewachsen wäre.
Wer erinnert sich noch daran, daß die Siegermächte sich gegen Ende des Zweiten Weltkrieges, unter dem Eindruck bestialischer Nazi-Greuel, mit dem Gedanken getragen haben, Deutschland in den Zustand eines Agrarlandes zurückzuversetzen, damit es nie wieder in den Besitz von Macht und Mitteln komme, andere Völker mit Mord und Unterdrückung zu überziehen? Man kann nur darüber spekulieren, ob ein deutscher Agrarstaat heute in einer anderen inneren Verfassung wäre – in der eines in sich gekehrten, an seiner Erinnerung arbeitenden, wiedergutmachenden, verwandelten, sanfteren, friedensfreundlichen Volkes, eingedenk der begangenen Untaten allen Gewalt- und Kriegsgelüsten abhold, ein Beispiel für Nachbarvölker – oder ob doch mehr zur Veränderung national geprägter Mentalitä-

ten gehört als nur von außen kommende, wenn auch tiefgreifende Veränderungen.
Von einem solchen friedfertigen Zustand ist jedenfalls das deutsche Volk, hüben und drüben, weit entfernt. Die meisten Deutschen möchten an das »Tausendjährige Reich« Hitlers nicht erinnert werden. Manche »Volksgenossen«, die sich an der Nazi-Barbarei beteiligt oder sie billigend hingenommen haben, dürfen, ohne ernsthaften Widerspruch, behaupten, das Hitler-Regime habe auch sein Gutes gehabt, und wenn es nur die heldenhafte Abwehr der »roten Flut« aus dem Osten gewesen sei. Aber gerade die auf diese Weise idealisierten Durchhalteparolen, die das Ende des Krieges hinauszögerten, machten es möglich, das Morden in den polnischen und deutschen Konzentrationslagern bis zuletzt fortzusetzen. Das alles wissend, stehen deutsche Historiker und Politiker nicht an, sich um eine harmonische Integrierung der Nazi-Jahre in die deutsche Gesamtgeschichte zu bemühen, wenn es sein muß um den Preis von Unterschlagungen, Fälschungen oder falschen Zusammenfügungen. Ein neues deutsches Nationalgefühl soll durch Verdrängung des bereits Verdrängten deutsche Identität und Selbstachtung wiederherstellen. Als wenn sich so etwas wie deutsche Selbstachtung nicht allein dadurch wieder herstellen ließe, daß man sich der schmerzlichen Erinnerungsarbeit stellt und zu erkennen versucht, was zu dem moralischen Bankrott eines alten Kulturvolkes geführt hat, um Wiederholungen deutscher Barbarei, in welcher Form auch immer, entgegenzuarbeiten.
Der Völkermord an den Juden, ohne Beispiel in der Menschheitsgeschichte, die unermeßlichen Greuel und Grausamkeiten, die dem seit Jahrhunderten verfolgten Volk in den Konzentrationslagern der Nazis zugefügt worden sind, darüber darf aber wieder relativierend gesprochen werden. Vom »Ende der Schonzeit« ist die Rede. Auch

wenn man annehmen kann, daß die mißverständliche Formulierung nicht die Bereitschaft zu einem neuen Holocaust signalisieren sollte, so muß man doch fragen, wo und wann die Juden denn nach dem Krieg geschont worden sind. Wie so viele Reden von Vertretern der Öffentlichkeit sind auch deren philosemitische Proklamationen oft nichts als Pflichtübungen und Lippenbekenntnisse oder Folge einer unverarbeiteten Mischung von Schuldgefühlen und gekränkter Wut darüber, der eigenen Vergangenheit nicht entrinnen zu können.

Die bundesdeutsche Gesellschaft hat eine glänzende Fassade nach Art der Potemkinschen Dörfer um ihre düstere Vergangenheit gestellt. Das Land strahlt Wohlstand, Wohlanständigkeit und Selbstzufriedenheit aus. An Bündnistreue und Antikommunismus läßt es sich von keinem seiner westlichen Mitstaaten überbieten. Seine wirtschaftlichen Erfolge zählen zu den weltbesten. Nicht zu vergessen der Sport, auf den die Deutschen in Ost und West einen großen Teil ihrer nationalistischen und chauvinistischen Neigungen verlagert haben.

Das deutsche Nationalgefühl, das manche Politiker und Historiker wieder beleben wollen, war schon immer ein merkwürdiges Konglomerat aus weinerlich-sentimentalem Hochgefühl, aggressiver Selbstidealisierung, Heldenverehrung, Fremdenhaß und Fremdenverachtung einerseits und symbiotischen Massenverschmelzungswünschen andererseits. Humor und Selbstironie sind den nationalistisch gesonnenen Deutschen seit jeher fremd. Das machte sie so einsichtsunfähig und gefährlich. Seit Hitler und Buchenwald, das an Weimar angrenzt, kann ein zu nüchternem Denken fähiger Deutscher sich nur mit Peinlichkeit an solche Gefühle erinnern, wissend, zu was sie führten und wem sie den Weg bahnten.

Je mehr aber das mißtrauische Ausland den Leistungen und

den Bürgertugenden der bundesdeutschen Saubermänner applaudiert, um so weniger scheinen die Deutschen Anlaß zu haben, sich mit den schwärzesten Jahren ihrer Geschichte auseinanderzusetzen. Der Wiederaufbau in der unmittelbaren Nachkriegszeit, der in seiner Hektik keine Trauer über den Verlust von Millionen Menschen und die Zerstörung der Städte aufkommen ließ, wird als kollektive Heldentat gefeiert. Erschreckend wirkte in den Nachkriegsjahren die Kommentierung dieser blinden Gemeinschaftsanstrengung des Vergessens und des neu erwachenden Nationalstolzes in alten Wochenschauen, zum Teil durch dieselben Sprecher wie in der Nazi-Zeit.

Wenn die Deutschen nur einen Bruchteil der Energien und der Mittel, die sie auf die Verfolgung der Terroristen und die Verhinderung von Demonstrationen verwenden, auf die gerichtliche Ahndung von Nazi-Verbrechern und auf die Aburteilung bekannter Nazi-Mörder verwandt hätten, dann könnte man wenigstens von einer Bemühung um die Wiederherstellung der Rechtsordnung sprechen. Doch im Gegenteil, ausgerechnet die Leute, die im »Dritten Reich« Staatsterror begangen oder doch unterstützt haben, warnen heute vor einer Unterminierung der Rechts- und Staatsordnung durch den individuellen Terror einiger gewalttätiger Wirrköpfe, die weder ihren Marx noch Che Guevara richtig verstanden haben. Wenn aber – wie uns eingeredet wird – zwei Dutzend terroristische Einzelkämpfer und ihre Sympathisanten ohne nennenswerten Rückhalt in der Bevölkerung ein hochgerüstetes Staatswesen zum Einsturz bringen können, dann würden diktatorische oder auch demokratische Regierungen jeden Tag reihenweise zerfallen. In Wahrheit dienen innere wie äußere Feinde (genauer: deren beschworene Phantasiebilder) der Ablenkung der Aggression und der Kaschierung eigener Probleme.

Mit der Übernahme der NS-Herrschaft wurden reaktionäre

Frauenbilder neu belebt, die alles Bisherige an männlicher Sentimentalisierung der Frauenrolle und männlicher Frauenverachtung übertrafen. Selten wurde deutlicher, in welchem Ausmaß Idealisierung und Aggression miteinander verbunden sind. Die Ideologie des allen überlegenen deutschen Herrenvolkes, Paranoia und Gewalt waren die Grundlagen der NS-Ideologie. Die deutschen Super-Saubermänner mit ihrem verdrängten Sexualneid mußten das deutsche Volk, vor allem die deutschen Frauen, vom Schmutz des jüdisch-bolschewistischen Ungeziefers befreien.

Dieses Buch ist in gewisser Hinsicht eine Fortschreibung des Buches »Die Unfähigkeit zu trauern«, das Alexander Mitscherlich und ich 1967 veröffentlich haben. In den in verschiedenen Zeiten und zu verschiedenen Anlässen geschriebenen oder vorgetragenen Beiträgen dieses Bandes versuche ich der Frage nachzugehen, ob die vor rund zwanzig Jahren gestellte Diagnose von der deutschen »Unfähigkeit zu trauern« weiterhin ihre Gültigkeit besitzt oder ob die Deutschen sich zumindest teilweise oder in einzelnen Lebensbereichen der schmerzlichen, aber notwendigen Erinnerungs- und Trauerarbeit angesichts ihrer blutigen Vergangenheit unterzogen haben. Die Aufsätze nähern sich dieser für die deutsche Geschichte und das deutsche »Lebensgefühl« zentralen Frage unter verschiedenen Gesichtspunkten und aus mehreren Richtungen. Auch wenn ich hier und da Tagesthemen aufgreife, so versuche ich doch, sie in einen größeren Zusammenhang zu stellen und ihre historische, soziale und politische Dimension hervorzuheben. Wenn dabei der psychoanalytische Ansatz, dem ich mich verpflichtet fühle, nicht immer eigens artikuliert wird, so sollte doch klar sein, daß ich die (bundes-)deutsche »Vergangenheitsbewältigung« in ihren verschiedenen Facetten, in ihren vergangenen und gegenwärtigen Erscheinungsformen vorwiegend unter dem psychoanalytischen Gesichtswinkel betrachte. Die einzelnen Aufsätze und Vorträge habe ich zu dem Zweck dieser Publikation inhaltlich und sprachlich gründlich überarbeitet. Thematische Wiederholungen wurden möglichst beseitigt, es sei denn, sie waren für das Verständnis der jeweiligen Textstelle unentbehrlich.

Willi Köhler und Sebastian Fetscher danke ich aufrichtig für ihre Hilfe bei der Durchsicht des Manuskripts und für zahlreiche Änderungsvorschläge. Sie haben zur Klärung und Ordnung meiner Gedankengänge Wesentliches beigetragen. Marieluise v. Schweinichen gebührt mein besonderer Dank. Ohne ihren Einsatz und ihre Geduld wäre die Fertigstellung des Manuskripts nicht denkbar gewesen. Auch bei Hans-Martin Lohmann, Meret Lindinger und Detlef Michaelis möchte ich mich für zahlreiche wichtige Anregungen, die sie mir im Laufe vieler Jahre zuteil werden ließen, herzlich bedanken. Ingeburg Pabel hat die Korrekturen gelesen, das Literaturverzeichnis vervollständigt und das Register angefertigt. Auch ihre Hilfe habe ich mit großer Dankbarkeit aufgenommen.

1. Trauerfähigkeit der Deutschen – Illusion oder Hoffnung?

An den Anfang meiner Ausführungen über die Trauerfähigkeit der Deutschen möchte ich einige Thesen aus dem Buch über »Die Unfähigkeit zu trauern« stellen. Anschließend werde ich mich mit der Frage beschäftigen, ob die Mehrheit der Deutschen überhaupt in der Lage war und ist, Trauer über ihre Vergangenheit aufzubringen, oder ob diese Trauer nur einzelne Individuen leisten können.

Was heißt es: zu trauern? Trauer ist ein seelischer Vorgang, bei dem der Mensch einen Verlust mit Hilfe eines wiederholten, schmerzlichen Erinnerungsprozesses langsam zu ertragen und durchzuarbeiten lernt. Eine Alternative zur mit Trauerschmerzen verbundenen Durcharbeitung der verlustreichen Vergangenheit ist der schnelle Wechsel zu neuen Objekten, neuen Identifikationen und Idealen, welche die aufgegebenen bruch- und gedankenlos ersetzen. Bekanntes Beispiel (um vom Individuum auf ein Kollektiv überzugehen): der Wechsel der Deutschen von ihrem Glauben an den Führer und ihren Nazi-Idealen, ihrem Rassen- und Herrschaftswahn, ihren Durchhalteparolen, ihrem Volkssturm zur Identifikation mit den Siegern und deren Führern. Mit diesem Austausch der Vorbilder wählten sie den leichtesten Weg, um dem drohenden nationalen Selbstwertverlust zu entgehen.

Nach der Niederlage vollzog sich als erstes eine schlagartig einsetzende Derealisierung; die Vergangenheit versank wie in einem Traum. Der Identitätswechsel durch die Identifikation mit dem Sieger, ohne auffällige Anzeichen gekränkten

Stolzes, verstärkt die Abwehr gegen Gefühle des Betroffenseins. Das manische Ungeschehenmachen, die gewaltigen kollektiven Anstrengungen des Wiederaufbaus, eine Art nationaler Beschäftigungstherapie, förderte die Verleugnung und Verdrängung. Wenn aber Verleugnung, Verdrängung, Derealisierung der Vergangenheit an die Stelle der Durcharbeitung treten, ist ein Wiederholungszwang unvermeidbar, auch wenn er sich kaschieren läßt. Es wiederholt sich dabei nicht der Inhalt eines Systems, sondern die Struktur einer Gesellschaft. Nazisymbole und Nazivereinigungen kann man verbieten. »Nazistrukturen« (z. B. den autoritären Charakter) aus der Welt der Erziehung, des Verhaltens, der Umgangs- und Denkweisen, der Politik zu vertreiben, ist nicht möglich ohne Trauerarbeit. Deswegen müssen wir heute erkennen, daß die junge Generation, die sich unschuldig fühlt, nicht die Bearbeitung unserer Vergangenheit angetreten, sondern deren Verleugnung und Verdrängung übernommen hat. Die Naivität, mit der ein Bundeskanzler in Israel, in Konzentrationslagern oder vor SS-Gräbern von der Unbetroffenheit seiner Generation durch die NS-Zeit, von der »Gnade der späten Geburt« spricht, ist eines von vielen Zeichen für diese Verdrängung. Die sogenannten »weißen« und nachfolgenden Generationen pochen auf ihre Unschuld: Was wir nicht begangen haben, müssen wir auch nicht tragen und nicht bedenken. Psychologisch und historisch ist das eine für Gegenwart und Zukunft gefährliche Haltung.

Trauerarbeit setzt eine besondere Art von *Erinnerungsarbeit* voraus. Dabei geht es weniger um die Erinnerung von Fakten und Inhalten als vielmehr um die Erinnerung von Verhaltensweisen, Wertvorstellungen, Gefühlen und Phantasien. Um Verluste, nicht nur von Menschen, sondern auch von Idealen und narzißtischer Selbstliebe, die mit der Konfrontation von Schuld und Scham, von Niederlagen und

Enttäuschungen verbunden ist, hinnehmen und bewältigen zu können, bedarf es einer entsprechenden präventiven Erziehung. Damit ist eine Erziehung gemeint, die zur Trauer fähig macht, die also Kinder nicht auf Erfolg und Durchhalten, Schmerz- und Gefühlsunterdrückung, Anpassung und Gehorsam, Schuldabweisung und Sündenbocksuche, nicht auf »Herrschaftsdenken im Untertanengeist« dressiert.

Diese Erziehung gab es in Deutschland bisher kaum, besonders dort nicht, wo Männlichkeitsideale und »männliche« Tugenden das Feld beherrschten. Das war ein wesentlicher Grund dafür, daß die Masse der deutschen Männer und mit ihnen Millionen Frauen den pervertierten Herrschaftsidealen, dem paranoiden Rassismus der Nazis so wenig entgegenzusetzen hatten. Gleichheit vor dem Gesetz, Achtung vor Minderheiten war für die Nazis und ihre Gesinnungsvorgänger nichts als Humanitätsduselei. Es gab, so Hans Mayer (1985), nur Herrenmenschen, Menschen und Untermenschen. Wer die Praktizierung solcher Weltanschauung erlebt habe, könne sie nicht mehr von sich abtun.

Wer auf nationale Selbstüberhöhung, auf Erfolg, Durchsetzungsfähigkeit, Herrschafts- und Gehorsamsideologie, Sündenbocksuche, Verachtung von Andersdenkenden und Schwachen dressiert wird, ist nicht darauf vorbereitet, einer Mentalität, wie sie durch die NS-Zeit auf den wahnhaften Höhepunkt getrieben wurde, eine andere, einfühlsamere, wertkritische, von fragwürdigen Idealen Abschied nehmende, zur Trauer fähige Geisteshaltung entgegenzusetzen.

Nur wer Eltern und Erzieher findet, die nicht abwehrend oder projizierend auf Kränkungen, auf Schuld und Scham, seelische Schmerzen und Mißerfolge, auf Autoritätshaß reagieren, sondern sie gemeinsam mit ihren Kindern zu verstehen und zu ertragen suchen, der wird auch als Erwachsener nach der Herkunft der ihm angebotenen Werte fragen, sich nicht an Herrschaft und Rassenwahn orientieren und nicht auf so grauenvolle und verlogene Ideologien, wie sie im NS-Staat proklamiert und ausgelebt wurden, hereinfallen.

Eine sadomasochistische Erziehung und Charakterhaltung, unterwürfige Identifizierung mit dem Mächtigen, Verachtung der Schwachen hat sich allerdings bis heute in weiten Bereichen unserer Gesellschaft, auch in der Beziehung der Geschlechter zueinander, erhalten. Charakterdeformierung dieser Art, wie ihnen entsprechende Verschleierungen und Fehlinformationen, vererben das Übel der Hitler-Ära auf unbestimmte Zeit weiter.

Die Trauerarbeit, ein Lernprozeß des Abschiednehmens, ist die Vorbedingung dafür, daß Neues gedacht und wahrgenommen werden kann, Verhaltensweisen sich zu ändern vermögen, Aktionen und Reaktionen auf ihre unbewußten Motive untersucht werden können, andere als sadomasochistische Beziehungsarten, neue Identifikationen sich aufbauen lassen. Der Trauerprozeß verhindert die zwangsneurotische Wiederholung des immer Gleichen.

Der Züricher Philosoph und Politologe Hermann Lübbe (1983) hat die Verdrängungstheorie eine »Pseudotheorie« genannt. Niemand habe das »Tausendjährige Reich« verdrängt, man habe sich nur gemeinsam dazu entschlossen, ein »staatstragendes konstitutives Schweigen« zu bewahren. Da die Mehrheit der Deutschen mit der Nazi-Ideologie identifiziert war und ohne diese Mehrheit der neue Staat nicht konstituiert werden konnte, sei Schweigen die einzige Möglichkeit gewesen, um eine gemeinsame staatliche Basis zu finden. Die 1968er Generation und die »Verdrängungstheoretiker« hätten – so Lübbe – durch ihre Theorien unverantwortlicherweise die Grundlage des mühsam neukonstituierten Staates in Frage gestellt. Günther Rühle (1982) schrieb dazu: »Wir werden das Gefühl haben, diese alte Vergangenheit wolle und solle unsere mühsam und mit Anstrengung zur Sühne erarbeitete Gegenwart aufzehren, obwohl diese den politischen Spuk von damals doch in Distanz zu sich bringen mußte... Was sich da unter den verschiedensten Motivationen und Begründungen auf den Weg macht, mit Hilfe des Hitlerschen Halbjahrhundert-Jubiläums Aufklärungs- oder gar die noch immer viel zitierte ›Trauerarbeit‹ zu leisten, ist mit rationalen Argumenten nur halbwegs ausgerüstet.«

Rühle ist wie Lübbe der Meinung, man könne sich »frei in moralisch und politisch angemessener Weise auf die Realität des Dritten Reiches beziehen, ohne sich zugleich aufgefordert zu finden, die angeblich auch noch im eigenen Nachfolgestaat fortlebenden Wurzeln dieses Reiches endlich ausrotten zu sollen«. Michael Naumann (1983) bezeichnete die Polemik Lübbes gegen die »Verdrängungstheoretiker« als Ausdruck einer verdrängten Verdrängung. Offensichtlich glaubt sich Rühle (1984) auch »frei in moralisch und politisch angemessener Weise auf die Realität des Dritten Reiches beziehen« zu können, als er Faßbinders Stück »Der Müll, die Stadt und der Tod« in Frankfurt aufführen lassen wollte. Er vergaß, daß es Betroffene gibt, die nicht verdrängen konnten, und daß nicht alle in Deutschland ihre Verdrängung verdrängt haben.

Doch Lübbe wie Rühle verfehlen in ihrer Kritik den Kern der »Verdrängungstheorie«. Die Fakten der NS-Zeit werden die Deutschen nicht vergessen haben, die den Krieg als Kinder, als Jugendliche oder Erwachsene miterlebten. Gewiß kann man sich darauf einigen, auf der Ebene des Staates gemeinsam über das Grauen und die Verlogenheit dieser Zeit zu schweigen. Das Individuum aber folgt anderen seelischen Mechanismen. Es verdrängt, verleugnet, derealisiert Gefühle und Ideale, Taten, Verhaltensweisen und Anpassungsmechanismen, die im nachhinein seinen Selbstwert in

Frage stellen. Dabei handelt es sich nicht selten um psychische »Notfallmechanismen«, welche die Gefahr einer suizidalen Melancholie abzuwehren suchen.
Für die Mehrheit der Deutschen gab es jedoch keine Trauer. Das Beschweigen der Vergangenheit, von staatlich-institutioneller Seite abgesegnet, unterstützte die individuelle Verdrängung und Verleugnung. Wenn gelegentlich zur Versöhnung, zur Erinnerungsarbeit aufgerufen wird, dann sind das Einzelstimmen im Chor der Vergangenheitsbekämpfer. Sie dienen der traditionellen Politik seit Adenauer dazu, im Ausland das Bild des Deutschen wieder akzeptabel zu machen. Heinrich Böll antwortete auf die Frage, ob er sich gern »Gewissen der Nation« nennen lassen würde: »Das Gewissen der Nation besteht aus sämtlichen Parlamenten, aus den politischen Parteien, aus den Kirchen, aus Presse, aus jeder Art von Öffentlichkeit. Diese eigentlich zum Gewissen Berufenen delegieren das gern an jemanden, der dann beide Rollen übernehmen muß: er ist sowohl der Sündenbock wie das Gewissen. Das ist sehr einfach.«
Wann aber ist ein Individuum, wann ein Kollektiv überhaupt fähig zur Trauer, sieht man einmal von seiner Erziehung, seinen kindlichen Erlebnissen ab? Wann kann es die Schmerzen des menschlichen und ideellen Verlustes, das Elend der Selbstentwertung ertragen? Unter welchen Bedingungen kann es seine Trauer, seine Schuld- und Schamgefühle zulassen? Das Kollektiv, wenn es staatstragende Kontinuität (»Keine Experimente«, wie es unter Adenauer hieß) bewahren will, kann sich offenbar nur darauf einigen, zu schweigen und das Individuum dadurch anregen, seine Abwehr ungestört weiter zu kultivieren.
Nach 1945 ersetzte das »Mitläufertum« als kollektiver Mythos gegen Durcharbeitung der Vergangenheit die Dolchstoßlegende des Ersten Weltkrieges. Nach dem Zweiten Weltkrieg war es schwer, einen Sündenbock zu finden, es

war klar, daß nur wir selbst schuld waren. Aber wer kann das schon ertragen? Um diesem Gedanken zu entgehen, definierten wir uns in großer Zahl als »Mitläufer«, was impliziert, daß das System, dem wir angeblich so hilflos ausgeliefert waren, zum Schuldigen gemacht werden konnte. Über sechs Millionen bestialisch ermordete Juden – die Sintis und Roma wurden bis heute mehr oder weniger vergessen –, 20 Millionen tote Russen, alles »bolschewistische Untermenschen«, und Millionen eigene Tote und Ermordete – all diese Untaten sollten plötzlich die Folgen unseres »Mitläufertums« sein. Konnten und können wir uns mit diesem Gedanken ohne Abwehr, ohne Derealisierung, Verdrängung, ohne neue Sündenbocksuche konfrontieren?

Trauer kann als ein Prozeß angesehen werden, in dessen Verlauf eine begangene schlechte Tat als solche anerkannt und eine »Wiedergutmachung« angestrebt wird. Dann kann Trauer über schlechtes Handeln zu gutem Handeln führen. Was aber macht ein Volk, ein Kollektiv, wenn es Verbrechen solchen Ausmaßes, der unmeßbaren Größe des eigenen Anteils daran gegenübersteht, Verbrechen, die irreversibel sind, für die es niemals »angemessene« Wiedergutmachung geben kann? Kann man sich »frei« in moralisch und politisch angemessener Form auf eine solche Realität beziehen, wie Rühle meinte? Kann eine Mehrheit da nicht nur vergessen und verschweigen und sich manisch dem Wiederaufbau hingeben, wenn sie nicht als einzige Alternative Selbstmord begehen will? Kann ein Kollektiv überhaupt trauern, ist Trauern nicht Sache des einzelnen? Und der verblendete einzelne, der alle seine Ideale verloren hat, oder gar der Täter – wie soll er sich seiner Vergangenheit stellen? Denn man mußte doch annehmen, daß man das Leben eines Exnazis vernichtet, wenn man ihm klarmacht, daß eigentlich alle seine Tugenden Untugenden, alle seine Werte Unwerte waren. Das Unbegreifbare, das Ungeheuerliche und Uneinfühlbare der Nazizeit bleibt ja, daß wir, die Mehrheit der Deutschen, Mitglieder eines alten Kulturvolkes, über zwölf Jahre darin überzeugt leben und handeln konnten. Das blockiert die Trauerarbeit und deren Ziel: einen Lernprozeß, durch den eine begangene schlechte Tat als solche erkannt und wiedergutgemacht werden kann (soweit möglich).

Die Mitläufer fanden einen Ausweg. Sie waren die Mehrheit und bildeten eine starke Gruppe, die sowohl die Nicht-Nazis als auch die prominenten Nazis aus ihrer Gemeinschaft ausschloß. Mehr oder weniger befand sich die Macht des neuen deutschen Staates und seiner Institutionen – zumindest in den fünfziger Jahren und mittelbar bis heute – in ihren Händen: Sie versicherten sich gegenseitig ihrer Unschuld und sicherten so ihren (Wieder-)Aufstieg zur Macht.

Ist die Fähigkeit zur Trauer um die NS-Zeit, ist ihr Ziel einer Wiedergutmachung also endgültig eine Utopie? Für die Wiedergutmachung wird man das bejahen müssen. Was natürlich nicht heißt, daß materielle Wiedergutmachung unterbunden oder eingeschränkt werden sollte, im Gegenteil, es gibt noch viele Leidtragende des NS-Systems, die ohne materiellen Ausgleich für das, was ihnen angetan und genommen worden ist, geblieben sind.

Es gibt jedoch nicht nur Trauer über eine böse Tat, für die es keine Wiedergutmachung gibt, sondern auch Trauer um eine unterlassene Tat. Es gibt ja nicht nur die Mitläufer, die bald wieder obenauf schwimmen und jede Trauerarbeit ablehnen, sondern auch die verhinderten Attentäter und Widerstandskämpfer, diejenigen, die den Verfolgten aus Angst vor eigener Vernichtung zu wenig Hilfe und Unterstützung angedeihen ließen, die Kompromisse eingegangen sind, oder aber die große Menge der Schweigenden, die sich aus Angst passiver Mittäterschaft schuldig gemacht haben. Sollten nicht wenigstens manche von ihnen trauern können, ohne der überwältigenden Angst ausgeliefert zu sein, sich in der Trauer endgültig zu verlieren? Bei ihnen könnte sich doch Trauerarbeit mit dem Ziel verbinden, die Wiederholung solcher Verbrechen und wahnhafter Denkprozesse zu verhindern, indem man Erinnerungsarbeit und Selbsterforschung leistet, was nicht bedeuten muß, daß man passiv an der Vergangenheit klebt und der Handlungs- und Lebensunfähigkeit verfällt.

Diese Art des Trauerns sollte es möglich machen, sich mit der Rolle des Kritikers und Beobachters, des Selbstkritikers und Selbstbeobachters zu identifizieren, d. h. mit sich selber, mit eigenem Verhalten, eigenen Gefühlen und Denkweisen Kontakt aufrechtzuerhalten, eine Rolle, die man auch deswegen akzeptieren kann, weil sie menschlich und historisch die Wahrheit am ehesten zu erfassen vermag und Wiederholungen des Unmenschlichen und Niederträchtigen – auch im Alltäglichen – erkennen und verhindern hilft.

Gerade das sollten beispielsweise Psychoanalytiker leisten können, denn ihr Beruf bestimmt sie *a priori* zum beobachtenden Außenseiter und nicht zum Mitläufer. Ein Psychoanalytiker, der sein Außenseitertum nicht akzeptiert, hat meines Erachtens seinen Beruf verfehlt. Nicht zufällig war es ein Jude und Außenseiter, dem wir die Wissenschaft der Psychoanalyse verdanken.

Doch auch Psychoanalytiker als professionelle Erinnerungsarbeiter haben offensichtlich Schwierigkeiten, sich mit ihren Anpassungsmechanismen, ihrem Opportunismus, ihrer Angst vor dem Außenseitertum auseinanderzusetzen. Dafür zeugt ein über die Fachkreise hinaus bekannt gewordener Briefwechsel, der eine Reaktion auf einige in der Zeitschrift »Psyche« veröffentlichte Artikel über »Psychoanalyse unter Hitler« (1982, 1983) war.

Als Psychoanalytiker sind wir von Berufs wegen dem »Erinnern, Wiederholen und Durcharbeiten« (Freud, 1914) verpflichtet. Ohne Trauerarbeit und akzeptiertes Leid, das wissen alle, die sich mit der Psyche des Menschen befassen, gibt es auch im individuellen Leben keine seelische Entwicklung. Sich mit der eigenen Scham zu konfrontieren, sich zu überlegen, ob es nicht etwas anderes als Anpassung hätte geben können, sich von Eigenidealisierungen zu lösen, ist für Psychoanalytiker nicht weniger problematisch als für jeden anderen Menschen auch. Als es um die eigene Zunft ging, entstanden heftige Abwehrbewegungen gegen kritische Betrachtung der Vergangenheit oder Gegenwart. Entweder wurde mit Wut oder Zorn auf die Infragestellung von Idealen oder Verhaltensweisen unserer psychoanalytischen Kollegen zur Zeit Hitlers reagiert oder man floh in Verharmlosung, Zunftdenken und falsche Versöhnlichkeit. Die erinnernde Durcharbeitung blieb in beiden Fällen auf der Strecke.

Wenn Psychoanalytiker sich dagegen wehren, Erfahrungen zu verarbeiten, anders denken zu lernen, bisherige Werte und Vorstellungen kritisch zu durchleuchten, sich mühsam und schmerzlich von ihnen zu lösen, auch wenn sie ihre einengende, entwicklungs- und denkhemmende oder auch zerstörerische Kraft erkannt hatten, verstoßen sie mit dieser Haltung gegen die Essenz des psychoanalytischen Denkens. Innere Leere, Unfähigkeit zu kreativem Denken, Stagnation sind die Folgen fehlender Trauerarbeit, darüber gibt es in der Psychoanalyse eine ausgedehnte Literatur. Psychoanalytiker widersprechen also ihren innersten Überzeugungen, wenn sie Kritik an der eigenen Vergangenheit, an bestehenden Institutionen als »Verrat«, als »Nestbeschmutzung« ansehen oder, wenn es irgend geht, jede Kritik, jede Entgleisung, jede Fehlentwicklung in der Psychoanalyse und ihrem Vereinswesen »institutionstragend konstitutiv beschweigen«, um die Worte Lübbes abzuwandeln.

Etwas neu, anders zu denken, geht mit Trauerarbeit Hand in

Hand. »Verrat« als Gegensatz zum falschen »deutschen« Treuebegriff ist deswegen, wenn man so will, die unausweichliche Folge eines nicht zum Stillstand kommenden Lernprozesses im Abschiednehmen. Wer seiner Angst vor der Position des Außenseiters erliegt, gerät in Gefahr, zum Mitläufer zu werden. Sofern Kritiker der psychoanalytischen Institutionen und Erinnerungsarbeiter als nicht zur Zunft gehörig oder gar als Marxisten angesehen wurden, konnten Psychoanalytiker sie getrost ignorieren, denn sie waren ja nicht »satisfaktionsfähig« und nicht im Besitz der »Wahrheit«. »Die Zeitschrift ›Psyche‹ ist nicht mehr tragbar«, so tönte es aus dem Munde führender Psychoanalytiker, nachdem die Zeitschrift die erwähnte trauernde Erinnerungsarbeit auch der Psychoanalytiker selber anzuregen versucht hatte.

Nach 1945 war es nicht opportun, das begriffen die meisten schnell, Antisemitismus öffentlich zu bekennen. Was hinter vorgehaltener Hand von zahlreichen deutschen Durchschnittsbürgern in dieser Hinsicht geäußert wurde und wird, darüber macht sich wohl niemand Illusionen. Der Antikommunismus dagegen wurde bald wieder gesellschaftsfähig. Die »bolschewistischen Untermenschen« von gestern sind mehr oder weniger auch die »bolschewistischen Untermenschen« von heute. »Im Grunde ist der Russe schlecht.« Da hat sich im Denken der Westdeutschen dank des Kalten Krieges und den begierig aufgegriffenen Identifikationsmöglichkeiten mit den westlichen Siegern wenig geändert.

Als Folge des emotionellen Antikommunismus fand auch eine historische Verzeichnung und Verzerrung des Widerstandes während der NS-Zeit statt. Die letzte freie Wahl vor Errichtung des Hitler-Regimes brachte bekanntlich den Nationalsozialisten nur 44 Prozent der Stimmen. Von dem Widerstand der Kommunisten, Sozialdemokraten, undogmatischen Linken und Liberalen, die nach der Machtübernahme Hitlers zu Tausenden verfolgt, ins Gefängnis geworfen und umgebracht wurden oder emigrieren mußten, war aber nach 1945 kaum mehr die Rede. Dieses »andere Deutschland« hat man merkwürdigerweise aus den Augen verloren. In deutschen Schulen wurde bis in die siebziger Jahre fast ausschließlich vom Widerstand einiger preußischer Offiziere und konservativer Politiker gesprochen oder es wurde an die jungen idealistischen Studenten der »Weißen Rose« erinnert. Erst nachdem ungezählte Kommunisten, Sozialdemokraten, Intellektuelle und Pazifisten, die Widerstand zu leisten versucht hatten, ermordet, eingekerkert oder vertrieben worden waren, gab es aber in der Tat keinen ins Gewicht fallenden deutschen Widerstand gegen den Nationalsozialismus mehr.

Identifikation mit dem Sieger, Kalter Krieg und Antikommunismus gingen Hand in Hand. Als der Korea-Krieg einen willkommenen Vorwand bot, die KPD zu verbieten und viele ehemalige Widerstandskämpfer, die bereits in der NS-Zeit auf grausame Weise mißhandelt worden waren, abermals zu inhaftieren, entstand in der Bundesrepublik erneut ein Klima, in dem die Opposition der Gefahr ausgesetzt war, kriminalisiert zu werden.

»Von allen Parolen auf dem Misthaufen der Nazi-Ideologie lag der Ruf nach einem ›Kreuzzug gegen die Bolschewiken‹ ganz obenauf«, so Tamara Deutscher (1980) im Vorwort zu Isaak Deutschers »Reportagen aus Nachkriegs-Deutschland«. Die bestehende Kluft zwischen dem Westen und der Sowjetunion sei zwar nicht auf die Exnazis zurückzuführen, diese seien allerdings auch nicht daran gehindert worden, sie zu erweitern und zu vertiefen. Die aggressiv-projektive Komponente der Nazi-Ideologie tradierte sich mit Hilfe des emotionellen Antikommunismus, durch den jede differenzierte Wahrnehmung des Ostens bis heute blockiert wird und damit jede Ostpolitik, die ihren Namen zu Recht trägt.

»Die Mehrheit der Bevölkerung unseres Landes, das von der westlichen Schutzmacht zum wichtigsten Atomwaffenarsenal und darum von der Sowjetunion zur wichtigsten Zielscheibe des Atomkrieges gemacht worden ist, fährt fort, sich mit Hilfe der am ›Holocaust‹ bewährten Abwehrmechanismen über diese Realität hinwegzutäuschen« (H. Dahmer, 1982). Die hinter der pseudovernünftigen Argumentation verborgene Irrationalität der Rüstungspolitiker wird von der deutschen Bevölkerung mitgetragen. Antikommunismus, unterwürfiger Amerikanismus, Phantasielosigkeit und Verdrängung der Realität gehen hier eine gefährliche Mischung ein.

Mit Hilfe des hektischen Wiederaufbaus, des Wirtschaftswunders wurde Melancholie abgewehrt, Konsumorientierung löste die Liebe zum Führer ab, nationale Kränkung wurde mit Hilfe materieller Bedürfnisbefriedigung in den Hintergrund gedrängt. Wenn die Liebe zu Hitler eine Pseudoliebe auf narzißtischer Grundlage war, so scheint die alles beherrschende Konsumorientierung unserer Gesellschaft (»Mein Auto, das bin ich«) eine Art Ersatzbefriedigung für die narzißtische Verliebtheit in den Führer und für unsere arg angeschlagene Selbstliebe zu sein. Die Majorität der Deutschen wurde für Hitler »reuelos« zum Verbrecher. Sie wendet sich heute *reuelos dem Konsum* mit allen seinen Folgen zu, wenn auch mit weniger Ekstase, als sie uns die Filme Leni Riefenstahls »Der Sieg des Glaubens« (1933) und »Triumph des Willens« (1935) zu Zeiten der Nürnberger Parteitage vermittelten.

Die in der Konsumorientierung aufgehende Libido fehlt, um einen Satz aus der »Unfähigkeit zu trauern« zu variieren, wenn es um die Arbeit an den Erfahrungen aus der Vergangenheit geht. Die von reuelosem Selbstüberhöhungswahn und paranoischer Sündenbocksuche geprägte Mentalität, die auch nach den verlorenen »Werten«, die zu Auschwitz geführt hatten, mehr oder weniger unbetrauert blieb, hat sich über lange Zeit in der Gleichgültigkeit gegenüber der Zerstörung der Umwelt erhalten, vor allem aber in der von dem Antikommunismus geprägten wahnhaften Rüstungsmentalität.

Die Unfähigkeit, Prioritäten zu setzen, wenn es um Umweltzerstörung geht, wenn es um den Wiederaufbau unserer Städte, um die Sozialgesetzgebung, Altersversorgung und last not least um die Aufhebung des sadomasochistischen Herrschaftsverhältnisses zwischen den Geschlechtern, des »Herrschaftsdenkens im Untertanengeist« in der Gesellschaft überhaupt geht, können wir auch als Folge der Unfähigkeit zu trauern ansehen im Sinne der Unfähigkeit, Abschied von der Mentalität und Geisteshaltung zu nehmen, die zu Hitler geführt und die NS-Zeit beherrscht hatte.

In der Arbeit über die Unfähigkeit der Deutschen zu trauern ging es Alexander Mitscherlich und mir vor allem darum, die alltägliche Realität des Nationalsozialismus zu erforschen, d. h. die sozialpsychologische Disposition der großen Mehrheit von Deutschen, die weder so einfach zu den Opfern noch zu den Tätern zu zählen, die weder frei von Schuld noch in besonderem Maße aktiv und unmittelbar schuldig geworden waren. Ohne diese große Zahl, zumeist der klein- bis mittelbürgerlichen Schicht angehörenden Deutschen, zu denen wir alle mehr oder weniger zählen, wäre der Aufstieg Hitlers nicht möglich gewesen. Viele dieser Deutschen waren Teil der Bevölkerung, die ihre Briefmarken weiter sammelte, musizierte, ihren Kindern Märchen vorlas, Philosophie betrieb, für die deutsche Volksgesundheit sorgte und weder den Rauch aus bestimmten Schornsteinen wahrnahm noch die gellenden jüdischen Gebete hörte. Diese Majorität der Deutschen hat nicht getrauert, das war unsere These, obwohl manche, was ich schon darzustellen versuchte, von den psychischen Voraussetzungen und Möglichkeiten her dazu in der Lage gewesen wären.

Auch von den Patienten, die wir in unserem Buch schilderten und von denen viele dieser Gruppe zuzurechnen waren, hätten zumindest einige über nicht begangene gute Taten trauern und durch Erinnerungsarbeit ein Stück, wenn auch nicht Wiedergutmachung, so doch Arbeit an der Verhinderung einer Wiederholung des Unmenschlichen leisten können.

Aber auch bei denen, die selbst keine unmittelbare Schuld auf sich geladen hatten, standen Verdrängung und Verleugnung oder die Identifikation mit dem Opfer im Vordergrund ihrer seelischen Verarbeitung der Vergangenheit. Im Grunde fühlten sich die meisten von ihnen selber als die bemitleidenswertesten Opfer des Nationalsozialismus und seiner Folgen. Sie trauerten vor allem um die eigenen leidvollen Erlebnisse und um den Verlust ihres narzißtischen Selbstwertes als Deutsche. Wer aber letztlich nur um sich selbst trauert, um seinen eigenen Wertverlust, seine nationalen Ideale, wer nicht um andere, um Liebesobjekte oder Opfer seines Opportunismus und seiner Ängste trauert, der kann auch nicht an Wiedergutmachung in dem einzig noch möglichen Sinn interessiert sein, nämlich an der Verhinderung ähnlicher zukünftiger Verbrechen, an der Durchleuchtung von Geisteshaltungen, die zu solchen Verbrechen führen können.

Wenn ein CDU-Politiker gegen die Verleihung des Friedens-Nobelpreises 1985 an den russischen Arzt Chasow, der für die Friedensbewegung »Ärzte gegen Atomkrieg« auf russischer Seite eintritt, polemisiert, so zeigt sich darin auch das Bedürfnis, eine Verständigung großer Bevölkerungsteile in Ost und West zu verhindern, um den emotionellen Antikommunismus mit seiner manichäischen Grundhaltung, seiner egozentrischen und paranoiden »Ich bin gut, du bist böse«-Mentalität um jeden Preis aufrechtzuerhalten, obwohl er weiß, daß die für Rüstung ausgegebenen Mittel den Hungertod von Millionen Menschen in der Dritten Welt verhindern könnten. Ich bin mir darüber im klaren, daß der Politiker mit dieser Frontenverhärtung vor allem Wählerstimmen zu gewinnen versucht, aber ich denke, er ist sich nicht darüber im klaren, daß er mit dieser Art von Wahlkampf alte Parolen, »die auf dem Misthaufen der Nazi-Ideologie« gewachsen sind, neu belebt. Nur immer erneute Erinnerungsarbeit kann uns von einer solchen, Katastrophen herbeiführenden Mentalität befreien.

Wenn ich an meine Erfahrungen mit Zeitgenossen und Patienten denke, kann ich jedoch nicht umhin festzustellen, daß das Interesse an der Vergangenheit und deren Durcharbeitung seit der 68er-Generation wieder zurückgegangen ist. Schuldig fühlt sich niemand von der sog. »weißen« oder den folgenden Generationen, betroffen nur wenige. Infolgedessen haben sie auch wenig inneren Antrieb oder äußere Veranlassung, sich mit dem Grauen der Vergangenheit und der Geisteshaltung, die sie ermöglichte, auseinanderzusetzen. Nur die Opfer der NS-Zeit und deren Kinder kümmern sich noch intensiv um die Vergangenheit und die Vergangenheit in der Gegenwart. Das machte die geplante Aufführung des Faßbinder-Stücks »Der Müll, die Stadt und der Tod« auch den vielen bisher mehr oder weniger ahnungslosen – was die Gefühle der Überlebenden des Holocaust und deren Kinder betrifft – deutschen Mitbürgern deutlich.

Es liegt auf der Hand, daß es bei den im Zusammenhang mit der geplanten Aufführung ausgelösten Konflikten und Kontroversen um grundlegendere Dinge geht als darum, festzustellen, ob das Schauspiel tatsächlich antisemitisch ist oder nicht. Selbst Angehöriger einer über lange Zeit verfolgten Minderheit, hat Faßbinder (1981) sich sicherlich weitgehend mit Juden und deren Schicksal identifiziert. Aber er war ein Selbstzerstörer, der seine Aggressionen nur in begrenztem Maße mit Hilfe von Sündenbocksuche nach außen wenden konnte. Er stellte sich wahrscheinlich selbst dar im »reichen Juden«, in der Hure Roma B. und in ihrem Mann und Zuhälter Franz B., der seine Homosexualität entdeckt. Wie die Hure B., die ihren Geliebten, »den reichen Juden«, um den Tod bittet, so fleht Franz B. im masochistisch-homosexuellen Rausch um seine Vernichtung. Weil die Hauptfiguren in Faßbinders Stück quasi alle »Selbstobjekte« sind, d. h. Teile seiner eigenen Person darstellen, fehlt ihm die Einfühlung in andere, deren Leidenserfahrungen und Probleme mit den eigenen Problemen nicht gleichzusetzen sind. Infolgedessen übersieht er die seelische Situation der Überlebenden des Völkermordes. Er versteht nicht, daß es für sie und ihre Kinder, die in der Massenvernichtung alles verloren haben, was ihrem Leben Inhalt und Sinn gab, unerträgliche Angst, Wut, Verzweiflung auslöst, wenn in Deutschland öffentlich auf einer Bühne vom Juden gesprochen wird, der einen aussaugt, den man vergessen hat zu vergasen. Die widerwärtige Sprache der Erniedrigung, Verleumdung und Verfolgung, wie sie »Der Stürmer« benutzte, erweckt von neuem die entsetzlichen Erinnerungen und Todesängste. Das war sicherlich nicht die Absicht Faßbinders, aber das, was er darzustellen versuchte, konnte durch die Worte, die er benutzte, nur an alte Wunden rühren, die auch in absehbarer Zeit nicht heilen werden. Damit müssen die Juden in Deutschland und in der Welt leben, so gut es geht; damit müssen wir als Deutsche leben, wenn möglich mit Einfühlung und ohne es zu verdrängen. Für die Betroffenen, die die Herrenmenschenpraxis am eigenen Leib erfahren hatten, war die Vergangenheit eben kein politischer Spuk von damals, den man in Distanz zu sich bringen mußte, wie Günther Rühle (1982) es im »Hitlerjahr« formuliert und was er offenbar mit der Aufführung des Faßbinder-Stückes zu erreichen versucht hatte. Aber nichts kann zurückgenommen werden. Hans Mayer (1985) spricht von der sogenannten deutsch-jüdischen Symbiose, die zuerst von deutscher Seite aufgekündigt worden sei. »In einer bis heute in allen Untaten unserer Gegenwart beispiellos gebliebenen Weise.« Rühles »politischer Spuk von damals« ist eben kein Spuk, von dem man sich distanzieren kann, wie er meint, sondern eine Wunde, die nicht vernarbt. Zu fordern, das Verhältnis zwischen Deutschen und Juden müsse sich endlich normalisieren, ist naiv und zeugt von Einfühlungsmangel und der nach wie vor bestehenden Verdrängung der Vergangenheit und ihrer Folgen.

Ich wende mich jetzt wieder den Erfahrungen mit Patienten zu, die keiner Minderheit angehören und die zumeist Kinder der deutschen Mitläufer-Generation sind. Bei ihnen spürt man nicht selten eine verdeckte Melancholie; Anklagen und Selbstanklagen wechseln einander ab. Diese Patienten gehören fast ausschließlich der klein- und mittelbürgerlichen Schicht an, deren Eltern mehr oder weniger kritische, mehr oder weniger passive Mitläufer gewesen waren, die nie auf den Gedanken gekommen sind, daß man Widerstand hätte leisten können. Aber konnte man denn, nachdem das NS-System einmal etabliert war, Widerstand leisten, ohne sich in tödliche Gefahr zu bringen? Das zumindest bezweifeln viele unserer Zeitgenossen, auch manche von ihnen, die Widerstand geleistet haben oder im KZ gewesen sind. Aber Widerstand beschränkt sich ja nicht nur auf Handeln, wo es fast aussichtslos geworden ist, Widerstand ist auch eine Art des Denkens, sind Verhaltensweisen, sind kritische Möglichkeiten, seinen Kopf zu ge-

brauchen in den Anfängen eines verbrecherischen und paranoiden Systems – oder das, wenn nicht an dessen Anfang, so doch an dessen Ende und danach zu tun. Das gilt genauso für die »weißen« wie die nachfolgenden Generationen, die durch Erinnerungsarbeit Wiederholungen verhindern können.
Die Patienten, die ich im Auge habe, waren Kinder solcher Eltern, die in ihrem Denken, in ihrer Charakterhaltung wenig Widerstand leisten konnten, auch wenn sie keine »Täter« waren, und die ihre Verleugnung und Verdrängung an ihre Kinder vererbt haben. Vererbt haben sie offenbar auch ihre verdrängte Melancholie, mit der dahinterliegenden, durch narzißtische Kränkungen verstärkten Aggression, die jetzt, nach Beendigung des »Wirtschaftswunders«, in passiv-anklagender Arbeitshemmung voll zum Ausdruck kommt. Melancholie, die ursprünglich in einem manischen Wiederaufbau abgewehrt wurde, und narzißtische Liebesenttäuschungen, die im Konsum Ersatzbefriedigung suchte, beide sind heute so leicht nicht mehr möglich. Ersatzbefriedigung wird fade. Der Wiederaufbau ist beendet, er hat Städte und Umwelt zerstört, also auch keine Wiedergutmachung geleistet, sondern eher erneut mit »Schuld« beladen. Sozialismus als Möglichkeit eines mitmenschlichen Füreinander wurde durch affektiven Antikommunismus begraben, was nicht bedeutet, daß der bürokratisch-diktatorische Sozialismus, wie er im Ostblock herrscht, dem Westen als Vorbild dienen könnte.
Der Entwicklung und der unaufgearbeiteten Vergangenheit entsprechend findet man heute weniger Außenseiter, die als Beobachter der Situation sich von Anpassung und Mitläufertum befreit haben und die mit Hilfe der Erinnerungsarbeit ein Stück Wiedergutmachung leisten können, die auf die Gleichgültigkeit gegenüber der Zerstörung der Natur und der destruktiven Aufrüstung aufmerksam wurden und

aktiv Änderungen herbeizuführen suchen, sondern man trifft vielmehr Aussteiger, die keine Verantwortung für den Lauf der Geschichte mehr übernehmen wollen und nur begehren, nicht schuld daran zu sein.

Der manische Wiederaufbau ist beendet, jetzt beherrscht die Furcht vor Arbeitslosigkeit einen großen Teil der Jugend, und nicht nur sie. Die zum Wiederaufbau notwendigen Gastarbeiter sind überflüssig geworden; herzlose und paranoide Ausländerfeindlichkeit hat den peinlich gewordenen Antisemitismus, der sich nur hinter vorgehaltener Hand zu äußern wagt, mehr oder weniger ersetzt.

Viele Mitglieder der Grünen und der Friedensbewegung, die sich aus sehr heterogenen Gruppen der Bevölkerung mit entsprechend massiver Binnenproblematik zusammensetzt, versuchen das Elend der gleichgültig verdrängten Umweltzerstörung und den apokalypseträchtigen Rüstungswahn zu bekämpfen. Der Aufstand der 68er Generation ist mehr oder weniger in sich zusammengefallen. Nur die Frauenbewegung ist gestärkt aus der Studentenrevolte hervorgegangen. Trotz aller Verschiedenheit ihrer Zielsetzungen sind die meisten Frauen sich darin einig, aus der Vergangenheit lernen zu wollen, um neue, weniger selbstzerstörerische und zerstörerische Verhaltens- und Denkweisen zu entdecken und zu verwirklichen.

Frauen scheinen sich häufiger als Männer mit der Vergangenheit auseinanderzusetzen. Trennungen und Einsamkeit beherrschen ihr Leben mehr als das des Mannes, Trennung von Kindern, die erwachsen werden, Trennung von der sexuellen Attraktivität, die wichtige mitmenschliche Beziehungen bestimmt, und Einsamkeit, die sich nur selten dem Leben des Mannes entsprechend mit Beruf und Erfolg verdecken oder füllen läßt, fördern einen intensiven Umgang mit Trauerprozessen. Der Lernprozeß des Abschiednehmens ist eine Kunst, die sie beherrschen müssen, um nicht in weiten Bereichen ihres Lebens der Bitterkeit anheimzufallen oder Kränkungen und Einsamkeit passiv über sich ergehen zu lassen. Das Abschiednehmen von überholten Rollenmustern hat sie gelehrt, ihr Schicksal besser als bisher selber zu bestimmen, und hat sie befähigt, sich zunehmend von der in vielem korrumpierten und gefährlichen Wertwelt der Männer zu lösen. Denn Paranoia in Verbindung mit Gewalt war und ist nun einmal durch die Jahrhunderte Sache der Männer.

Freud (1905, 1920) führte das dringende Bedürfnis des Mannes, seine verinnerlichten heftigen Aggressionen mit Hilfe von Sündenböcken wieder nach außen abzuführen, auf die Gefahr zurück, daß seine Aggressionen ihn sonst selber zerstören könnten. Nach Freud gelten die Aggressionen des Mannes ursprünglich dem Vater als dem Rivalen. Sie werden verinnerlicht aus Angst vor dessen Vergeltung, d. h. vor allem aus Kastrationsangst. Bei Frauen, die zwar auch, aber viel seltener unter Kastrationsphantasien leiden können, spielt die Angst vor Vergeltung im Sinne einer körperlichen Zerstörung, eine Angst, die so leicht in Gewalt umschlägt, eine viel geringere Rolle. Die zentrale Angst der Frau ist die Angst vor Liebesverlust. Entsprechend verwandeln Frauen ihre Aggressionen eher in masochistische Opferbedürfnisse, in Schuldgefühle oder Vorwurfshaltungen, als in die Suche nach Sündenböcken, mit deren Hilfe dann die gewalttätige Rivalitätsaggression sich angstfrei ausleben kann. Die Erziehung und die geschlechtsspezifische Entwicklung der Frau prädestinierten sie weniger dazu, eine mit Gewalt verbundene paranoische Grundstruktur zu entwickeln, wenn sie auch aus Angst vor Liebesverlust nach wie vor dazu neigt, vorgegebene Rollenmuster, Vorurteile, Wertvorstellungen einer vom Mann geprägten Gesellschaft zu übernehmen. Von diesen »Werten« ist natürlich auch die Art der Erziehung beider Geschlechter abhängig. Mit anderen Worten, die Feindsuche, der Antikommunismus, der Antisemitismus, die Rüstungsmentalität, alles unglückselige Verbindungen von Paranoia und Gewalt, sind dem Mann eher gemäß als der Frau. Ihr möchte man vor allem dazu raten, ihre Kritik an der »Wertwelt« der Männer zu vertiefen und ihrem Liebesbedürfnis wie auch der damit verbundenen Neigung zu Schuldgefühlen distanzierter und kritischer gegenüberzustehen.

Um keine Mißverständnisse aufkommen zu lassen, Frauen sind sicherlich, was die psychobiologische Grundausstattung betrifft, nicht weniger aggressiv als Männer, sie lernen nur, anders damit umzugehen oder werden dazu gezwungen. Ihre gesellschaftliche und individuelle Situation konfrontiert sie mit vielen Verlusten, die sie weniger als der Mann abwehren können. Sie scheinen zur Trauer fähiger zu sein, zumindest sehen sie sich dauernd mit ihr konfrontiert.

Auch wenn Männer wie Frauen der Nachkriegsgeneration von ihren Eltern und Großeltern die Abwehr der Erinnerungsarbeit übernommen haben, auch wenn gesellschaftliche Strukturen sich wiederholen, d.h., die Vergangenheit die Gegenwart in größerem und gefährlicherem Ausmaß prägt, als das der Öffentlichkeit in der Bundesrepublik bewußt ist, gibt es doch Angehörige der Nachkriegsgeneration – zu denen die der patriarchalischen »Wertwelt« kritisch gegenüberstehenden Frauen gehören –, die sich mit der Vergangenheit und der Vergangenheit in der Gegenwart intensiv auseinanderzusetzen.

Das bedeutet nicht, daß damit die Gefahr einer paranoiden Unmenschlichkeit und Destruktivität gebannt sei und daß der Faschismus nicht immer noch das Menschenmögliche ist. Aber die – verglichen mit dem Mann – größere Nähe der Frau zu ihrem Gefühlsleben, die sie zur Trauer und zur Wandlung fähig macht, kann einer Jugend beiderlei Geschlechts zum Vorbild werden – einer Jugend, die das Elend einer gefühlsverdrängenden, sündenbocksuchenden, Sauberkeitsritualen und rigiden Sachzwängen unterliegenden, vom männlichen Prinzip geleiteten Gesellschaft nicht mehr übersehen kann und will.

2. Nachruf auf einen Generationskonflikt

Jede jüngere Generation hat mit ihren Müttern und Vätern Schwierigkeiten. Auch wenn die Beziehung der Generationen im Laufe der Geschichte nie ohne Probleme verlaufen ist, so hat sich der Generationskonflikt doch selten so ungehemmt geäußert wie in den Jahren 1968 und 1969, also zur Zeit der Studentenrevolte. Bis dahin schien zwischen den Generationen Übereinstimmung zu herrschen. Die jungen Menschen der 50er Jahre waren im allgemeinen bereit, sich mit den Wertvorstellungen, Erziehungsmethoden ihrer Eltern zu identifizieren. Das war erstaunlich. Eigentlich wäre zu erwarten gewesen, daß es nach der »Stunde Null« 1945, als der Zweite Weltkrieg mit einer totalen militärischen und moralischen Niederlage Deutschlands zu Ende gegangen war, zu einer tiefgehenden Auseinandersetzung zwischen der älteren Generation, die in der Hitler-Zeit ihre wesentliche Prägung erhalten hatte, und ihren Kindern gekommen wäre. Das war aber kaum der Fall, gerade weil Eltern wie Kinder mit dem Verlust der bisherigen, unter Hitler hochgehaltenen Ideale konfrontiert waren. Da die 12- bis 18jährigen schon weitgehend in das Erziehungs- und Wertsystem der Nazizeit integriert worden waren, war von ihnen vorerst eher Ratlosigkeit als Widerstand und Kritik zu erwarten. Die noch Jüngeren waren in einem Alter, das sie kaum dazu befähigte, ihr Erstaunen und ihre Verwirrung über die Veränderungen im Verhalten der Eltern und deren Vorstellungen klar wahrzunehmen, geschweige denn auszudrücken. Außerdem sind alle Kinder auch ein Teil ihrer Eltern, ihr

Selbstgefühl hängt von dem Wert ab, den sie den Eltern zu geben vermögen. Die verschiedenen Generationen waren sich deswegen in den Nachkriegsjahren offenbar darin einig, die erlittenen moralischen, physischen und politischen Wunden und das eigene Verhalten in den vergangenen Jahren entweder zu vergessen und zu verdrängen oder doch zu entschuldigen. Das ist Lübbes »Konsens« (1983), von dem an anderer Stelle die Rede ist.

Die Entnazifizierung, wie sie durch die Besatzungsmächte betrieben wurde, ist häufig kritisiert und lächerlich gemacht worden. Hannah Arendt (1950) äußerte sich dazu: »Der städtische Müllfahrer, der unter Hitler entweder Parteimitglied werden oder sich nach einem anderen Beruf umsehen mußte, verfing sich im Netz der Entnazifizierung, wohingegen seine Vorgesetzten entweder ungeschoren davonkamen, weil sie wußten, wie man diese Sache regelt, oder dieselbe Strafe erhielten wie er; für sie war das natürlich eine viel harmlosere Angelegenheit... Es steht außer Zweifel, daß die Entnazifizierung eine ungute neue Interessengemeinschaft unter den mehr oder weniger Kompromittierten geschaffen hat, die aus opportunistischen Gründen mehr oder weniger überzeugte Nazis geworden waren. Diese mächtige Gruppe leicht dubioser Elemente grenzt sowohl jene aus, die ihre Integrität bewahrt haben, als auch jene, die mit durchschlagendem Erfolg in der Nazibewegung aktiv waren.«

In der Tat hat sich das wenig geändert. Diejenigen, die ihre Integrität während der Nazi-Herrschaft, auch in den Jahren danach, zu wahren trachteten, zeigten, daß es nicht ganz unmöglich gewesen war, sich anders, weniger opportunistisch zu verhalten. Das war peinlich und durchlöcherte das System der Entschuldigungen. Sie mußten deswegen genauso ausgegrenzt werden wie jene aktiven Nazis, die daran erinnerten, daß tatsächlich etwas Furchtbares geschehen war und so ihrerseits die Mechanismen der Verleugnung, der Relativierung und Entwirklichung der Vergangenheit störten.

Mit Beginn des Kalten Krieges Ende der vierziger, Anfang der fünfziger Jahre wurden die mißglückten Versuche einer Entnazifizierung mehr oder weniger ad acta gelegt. Danach herrschte bei der Mehrzahl der Deutschen die Neigung vor, sich möglichst bruchlos mit den neuen Machthabern zu arrangieren und deren Wertvorstellungen zu übernehmen. Der wirtschaftliche Aufschwung im Westen und später auch im Osten Deutschlands machte es leicht, sich auf die Gegenwart zu konzentrieren, und unterstützte das Bedürfnis, die Vergangenheit zu verdrängen. Das konnte jedoch nie vollständig gelingen, denn trotz des Kalten Krieges wurden im Ausland die Schrecken der Nazi-Zeit, die Konzentrationslager und die unmenschlichen Grausamkeiten bis heute nicht vergessen, und als Deutsche werden wir, ob wir es wollen oder nicht, immer wieder von außen mit unserer Vergangenheit konfrontiert.

Mittlerweile waren die Zwölf- bis Achtzehnjährigen von 1945 etwa dreißig Jahre alt. Jetzt waren es vor allem die Zwanzig- bis Dreißigjährigen, die kritische Fragen stellten. Die neue Haltung junger Menschen in Deutschland geht aber nicht nur auf kritische Stimmen aus dem Ausland zurück, sondern ist auch von solchen Persönlichkeiten der älteren Generation beeinflußt worden, die sich – obwohl von der Mehrheit der deutschen Bevölkerung nach wie vor ausgegrenzt –, darum bemühten, nicht zu vergessen, sondern zu untersuchen, was zu dem Massenverhalten unter Hitler geführt hatte. Dabei war unvermeidlich, daß in die Kritik am Verhalten der Eltern während der Nazi-Zeit auch deren neues Vorbild, die USA, mit hineingezogen wurde, wozu damals vor allem der Vietnam-Krieg Anlaß bot.

In den sechziger Jahren begann folglich ein heftiger Generationskonflikt zwischen den kritischen und politisch interessierten jungen Deutschen und ihren Eltern oder Elternfiguren. Eine oft gnadenlose Auseinandersetzung mit vergangenen und bisherigen Wertvorstellungen entbrannte und mit ihr das Suchen nach neuen Idealen und Vorbildern. Die ersten Anzeichen dieses Wandels und Aufstands waren für den sensiblen Beobachter bereits Ende der fünfziger Jahre in großen Teilen der Jugend Deutschlands wahrzunehmen. Die meisten Deutschen hatten davon allerdings wenig bemerkt und fielen aus allen Wolken, als mit dem Beginn der Studentenrevolte die untergründig gärenden Strömungen eines heftigen Generationskonfliktes vulkanartig zum Ausbruch kamen. Das Erstaunen, die Hilflosigkeit und die Empörung waren groß.

Heute hört man oft: Die Situation in Vietnam, Kambodscha, im Iran zeige, wie unrecht die Studenten damals mit ihrer Parteinahme und ihren Vorwürfen gehabt hätten. Hätte man sich allerdings im Westen rechtzeitig kritisch mit der politischen Situation in diesen Ländern befaßt, so würden die Umstände in diesen Ländern heute anders aussehen, und das Phänomen Chomeini gäbe es möglicherweise gar nicht.

Der politische Aufbruch der studentischen Jugend Ende der sechziger Jahre dauerte nicht allzu lange. Die »zweite Generation« der damaligen Revoltierer zerstritt sich mit den Rebellen der Anfangszeit. Falsche Freundschaften wurden geschlossen, und hinter antiautoritären Parolen verbargen sich neue Zwänge und autoritäre Verhaltensweisen. Dennoch sollten die fruchtbaren Impulse, die aus der Studentenrevolte hervorgingen, nicht in Vergessenheit geraten. Sie zwangen uns dazu, uns des bequemen Wechsels von alten zu neuen Identifikationen bewußt zu werden und Stellung dazu zu nehmen. Auch Konsumzwänge und unkritisches Fortschrittsdenken wurden zwar nicht zum erstenmal, aber doch mit besonderer Schärfe in Frage gestellt. Fragen nach dem Sinn des Lebens, nach Solidarität mit den Unterdrückten und Ausgebeuteten und vieles mehr gerieten in den Mittelpunkt der Diskussion. Aus den Tumulten der damaligen Zeit gingen mittlerweile die Grünen, die Frauenbewegung und manche Bürgerinitiative hervor.

Wie äußert sich der Generationskonflikt heute? 1968 und 1969 entbrannte er zwischen einer Generation, die noch im Krieg oder davor geboren worden war, und der Generation, die die Hitler-Zeit und den Krieg als Erwachsene oder Jugendliche erlebt hatten. Unterdessen hat das politische Engagement der Studenten weitgehend nachgelassen. Arbeitslosigkeit, auch bei Akademikern, breitet sich aus, und mit dem zunehmenden Leistungszwang nehmen politisches Engagement und das kritische Potential der Studenten ab.

Heute machen sich Symptome eines Generationskonfliktes bemerkbar, der scheinbar wenig mit dem der Studenten von 1968 zu tun hat. Auch der sich in den 70er Jahren ausbreitende Terrorismus, an dem sich fast nur jüngere Menschen beteiligten, blieb Sache einer kleinen Gruppe. Von Zahl und Ausmaß her gesehen ist die Neigung zu Drogenabhängigkeit oder auch zum Alkoholismus der Jugendlichen von weitaus größerer Bedeutung. Beschäftigt man sich mit diesen jungen Menschen, so erkennt man, daß am Anfang ihrer Neigung zu selbstzerstörerischen Verhaltensweisen fast immer ein Konflikt mit den Eltern oder der älteren Generation steht und daß in solchen Fällen das Gefühl vorherrscht, von diesen weder geliebt noch verstanden zu werden. Spätestens mit der Pubertät pflegt bei ihnen dann das Gefühl der Kontaktlosigkeit in der Familie zu Krisen zu führen und eine zunehmende innere und äußere Verzweiflung auszulösen. »Entweder«, so sagten mir etliche dieser suchtgefährdeten Jugendlichen, »ich bringe mich um, wenn das zu Hause nicht anders wird, oder ich werde süchtig.« Natürlich kommt die

Verführung durch Gleichaltrige oder wenig Ältere hinzu, eingeleitet und unterstützt von dem Bedürfnis der Jugendlichen, in Gruppen aufgenommen zu werden und in ihnen einen Ersatz für den Beziehungsverlust im Elternhaus zu gewinnen. Manche von ihnen könnte man als Waisen mit Eltern bezeichnen, denn obwohl die Eltern »vorhanden« waren und sind, besteht zwischen den Eltern und ihren Kindern ein seelisches Vakuum. Der Identifikation mit den Eltern in den fünfziger Jahren, der Opposition gegen sie Ende der sechziger Jahre folgt eine Generation, die mit den verunsicherten Wohlstandseltern nur noch Leere verbindet.

In seinem Buch »Auf dem Wege zur vaterlosen Gesellschaft« beschäftigte sich Alexander Mitscherlich (1963) mit dem Problem, daß neben einer mehr oder weniger anonymen Gemeinschaft von Sachverständigen und Politikern, bei denen »Väterlichkeit« wenig gefragt ist, die patriarchalische Familienstruktur weiter aufrechterhalten wird. Eine Folge davon ist, daß zwischen den Wertvorstellungen der von der Wirtschaft bestimmten Gesellschaft und denjenigen der Kernfamilie nur wenig Zusammenhang besteht. Die moralischen Maximen des Kindes und des Jugendlichen, wie sie ihm in der Familie beigebracht werden, haben in den größeren gesellschaftlichen Zusammenhängen nur noch geringe Geltung.

Ich habe verschiedentlich darzustellen versucht, daß sich in der Familie Strukturen nachweisen lassen, die dieses Auseinanderfallen zwischen Familie und Gesellschaft noch verstärken. Der Vater als das gesellschaftlich-ökonomisch bestimmende Oberhaupt der Familie ist in dieser Typisierung gleichzeitig das egozentrische, von der Mutter abhängige Kind, die sein Verhalten akzeptiert, wenn nicht fördert, aber zugleich verachtet. Innerhalb der Familie wird sie als stark erlebt, und sie ist es, an die sich alle Mitglieder wenden, wenn sie Hilfe oder Trost brauchen. Außerhalb der Familie dagegen besitzt die Frau nur selten größeren Einfluß.

Die Rolle derjenigen, die für alle Familienmitglieder zuständig zu sein hat, wird von der Frau gesucht und zugleich wird sie ihr aufgedrängt. Der Mann, der in der von Konkurrenz bestimmten Gesellschaft sein Bedürfnis nach Wärme und »Väterlichkeit« seiner Kollegen und Vorgesetzten nicht zu befriedigen vermag, kann sich innerhalb der Familie kaum mehr aus seiner kindlich abhängigen Rolle lösen und sich vom Verhalten eines tyrannisch-abhängigen Kindes – wenn überhaupt – nur mühsam trennen.

Daß die Männer, die in der Berufswelt so harte Rivalitätskämpfe austragen, sich dennoch darin einig sind, die Frauen aus ihren Männerbünden in Politik und Wirtschaft herauszuhalten, wurde von Psychoanalytikern als ein Versuch interpretiert, Rache an der enttäuschenden Mutter zu nehmen, welche die Abhängigkeitsbedürfnisse ihrer Kinder mit deren Riesenerwartungen kaum je ausreichend befriedigen kann.

Typischerweise finden sich verschiedene Rollen für mütterliches Verhalten in dieser Konstellation nebeneinander: die sich für die gesamte Familie zuständig fühlende, überfürsorgliche Mutter, die alle Familienmitglieder, einschließlich ihres Mannes, infantilisiert, und die Mutter, die selber kindlich bleibt, den Mann als unzerstörbar stark phantasiert und sich an ihn anlehnen möchte. Oft vermischen sich diese Haltungen: einerseits übernimmt die Frau die ihr zugedachte Rolle der allmächtigen Mutter, um die aus der Kindheit stammenden eigenen Gefühle der Hilflosigkeit zu überwinden und um ihr Gefühl der Minderwertigkeit in einer Gesellschaft der Männer zu kompensieren, andererseits bleibt sie das anlehnungs- und hilfsbedürftige Kind.

Der Jugendliche erlebt offenbar unmittelbar, daß die Wert- und Verhaltensnormen innerhalb der Familie nicht mit den in Wirtschaft und Politik herrschenden übereinstimmen. Eine weitere Verwirrung seiner Moralvorstellungen ist unvermeidlich, wenn ein junger Mensch in der außerfamiliären Welt andere Gesetze vorfindet als die in der Familie geltenden. Die Eltern stellen dann für die Kinder nur noch selten einigermaßen verständliche und eindeutige Vorbilder dar. Die Widersprüche zwischen ihnen und den Kindern sind oft so groß, daß man davor kapituliert und möglichst nichts mehr von diesen Schwierigkeiten wissen möchte oder gar darüber sprechen will. Dadurch bleibt aber die Fähigkeit des Kindes und später des Jugendlichen unausgebildet, seine Konflikte, seine Einsamkeit und Desorientierung sprachlich auszudrücken. In einer solchen Situation fühlen sich manche Jugendliche derart einsam und verzweifelt, daß sie eine Flucht in die Sucht oder in den Selbstmord antreten. Sie versuchen, mit Drogen innere Spannungen und Verlassenheitsgefühle zu betäuben.

Dafür ein kurzes Beispiel: Ernst kam wegen Kontaktstörungen, zeitweiliger Drogenabhängigkeit und Depressionen in die psychotherapeutische Behandlung. Als Kind fühlte er sich vor allem mit seiner Mutter verbunden. Seinen Vater empfand er vorwiegend als fremd und eher als Rivalen. Die Phase der frühkindlichen Bindung an die Mutter hatte er nicht altersentsprechend gelöst, weil kein »Dritter« da war, der ihm genügend Sicherheit vermittelt hätte, um unabhängiger von der Mutter zu werden. Auch der Vater reagierte auf die ablehnende Haltung seines Sohnes aggressiv und mit einfühlungslosen Bestrafungen. Die Mutter, durch den Kampf zwischen Vater und Sohn in eine konfliktreiche Position geraten, scheute sich davor, die Schwierigkeiten mit ihnen durchzuarbeiten. Sie verlangte vielmehr vom Sohn, darüber hinwegzusehen und sich mit seinem Vater zu vertragen. Ernst erlebte deswegen immer mehr, daß sie ihn nicht zu schützen vermochte und zu keiner vernünftigen Vermittlung zwischen Vater und Sohn imstande war. Als Folge davon gab Ernst nicht nur seine Beziehung zum Vater, sondern langsam auch diejenige zur Mutter mehr oder weniger auf. Bald herrschte zwischen ihm und seinen Eltern nur noch gegenseitige Verständnislosigkeit, obwohl sich die Mutter, freilich mit unzulänglichen Mitteln, immer wieder Mühe gab, Konflikte zu vermeiden. Über die wirklichen Gründe für die Entfremdung des Sohnes von seinen Eltern, über die in sich widersprüchliche Haltung der Eltern konnte und durfte im Familienkreis nicht gesprochen werden, wahrscheinlich wurden sie gar nicht wahrgenommen. Gegenseitige Vorwürfe und Anschuldigungen wurden zur Regel. Die Einsamkeitsgefühle des fünfzehnjährigen Ernst wurden unerträglich, er begann deswegen mit einer Gruppe von Schulkameraden zu haschen, schließlich griff er auch zu stärkeren Drogen, was die Eltern erst nach längerer Zeit bemerkten. Denn zunächst gab es ja aufgrund seiner Apathie kaum noch Schwierigkeiten mit ihm – als dann seine Drogenabhängigkeit nicht mehr zu übersehen war, wurden neue Vorwürfe laut und die Verzweiflung war groß.

Ungleich mehr Jugendliche als früher sind heute dem Alkohol oder den verschiedenen Drogen verfallen. Früher waren es meist erwachsene Alkoholiker und Morphinisten, die in die Praxis des psychotherapeutisch tätigen Arztes kamen. Heute stellen die Jugendlichen einen Hauptanteil der Süchtigen.

Vergleichen wir die Situation der Jugendlichen in ihrer Beziehung zur älteren Generation in den Jahren seit Kriegsende, so zeigen sich drei unterschiedliche Arten der Auseinandersetzung. 1. In den fünfziger Jahren hatten wir es hauptsächlich mit einer konformen jungen Generation zu tun, zumindest traten keine nach außen sichtbaren Generationskonflikte auf. 2. In den sechziger Jahren wurden die Widerstände gegen die Eltern immer stärker, bis es 1968 zu

einem Generationskonflikt von besonderer Heftigkeit kam.
3. Ende der siebziger Jahre wurde die Jugend zu einem großen Teil von Resignation beherrscht. Der zunehmende Schulstreß wurde meist akzeptiert, ohne daß es zur allgemeinen Auflehnung gekommen wäre. Aber diese Konformität mit gesellschaftlichen Zwängen ist nur eine scheinbare und hat wenig mit derjenigen der fünfziger Jahre zu tun, in denen die Wertvorstellungen der älteren Generation noch weitgehend akzeptiert wurden. Heute scheint der Konformismus ein Zeichen von Hoffnungs- und Vorbildlosigkeit zu sein.

Was kann man aufgrund der beschriebenen Situation nun für die zu Ende gehenden achtziger Jahre erwarten? Wenn die Neigung bestehenbleibt, Konflikte und Beziehungsstörungen, familiärer wie gesellschaftlicher Art, möglichst verdrängen und verleugnen zu wollen, dürfte es zu einer weiteren Entfremdung zwischen den Generationen kommen. Nur die Bereitschaft zu offener Diskussion der bestehenden Verhältnisse und Konflikte und des Auseinanderfallens zwischen Wirklichkeit und Ideal kann die Entfremdung zwischen den Generationen wie auch die zwischen Familie und Gesellschaft, wenn auch nicht aufheben, so doch mildern.

3. Väter, Vorbilder und der Wandel der Werte

Seit geraumer Zeit ist unsere »Wertwelt« ins Wanken geraten. Es gilt dennoch in weiten Kreisen als unpassend, nach der Herkunft »geltender Werte« und deren Folgen zu fragen. Nur die »Wertwelt«, nicht aber die gesellschaftliche Wirklichkeit wird als würdig angesehen, des »Interesses geistiger Menschen« (Dahmer, 1983) teilhaftig zu werden. Die bittere Erfahrung, wie schnell aus Unwerten Werte und aus Werten Unwerte gemacht und massenhaft akzeptiert werden können, ist uns aus unserer jüngsten Geschichte noch schmerzlich gegenwärtig. Wir sollten daraus gelernt haben, vorsichtig und kritisch mit »Weltanschauungen« umzugehen. Denn »Wer dem Kult der ›Werte‹ frönt, kann unsanft erwachen, wenn im Kampf der Klassen und Parteien, von dem er sich fernhält, Gruppen obsiegen, auf deren Programm eine ›Umwertung der Werte‹, z. B. die Aufwertung von ›Unwerten‹, steht« (Helmut Dahmer, 1983).

Von Freuds (1930) psychoanalytischer Illusions- und Wertekritik angeregt und von dem »Wertwandel« seiner Zeit beeindruckt, schrieb Alexander Mitscherlich 1963 sein Buch »Auf dem Weg zur vaterlosen Gesellschaft«. Befinden wir uns auf diesem Weg und, wenn ja, wie stellt sich dieses Phänomen heute dar? Der Vater ist nach wie vor das gesellschaftlich bestimmende Oberhaupt der Familie, wenn auch nicht selten gleichzeitig das egozentrische, verwöhnte Kind der Mutter. »Mütterlichkeit« wird allenthalben idealisiert, aber außerhalb der Familie kaum als Vorbild anerkannt. Auch der Wert der »Väterlichkeit« geht bei einem solchen regressiven familiären Verhalten des Vaters und in einer Arbeitswelt, in der väterliche Vorbildhaftigkeit zwar als »Ideal«, aber nicht als gesellschaftliche und berufliche Realität eine Rolle spielt, leicht verloren.

Freud (1921) stellte in seiner »Massenpsychologie und Ich-Analyse« fest: »Im Seelenleben des einzelnen kommt ganz regelmäßig der andere als Vorbild, als Objekt, als Helfer und als Gegner in Betracht, und die Individualpsychologie ist daher von Anfang an auch gleichzeitig Sozialpsychologie in diesem erweiterten, aber durchaus berechtigten Sinn.« Eine Brücke zwischen Individuen und Gesellschaft ist jedoch so einfach nicht herzustellen. Zwar ist kein Individuum ohne die Einwirkung von Traditionen und Erziehungsgewohnheiten zu denken; wir alle sind vergesellschaftete Individuen, aber die seelische Verarbeitung von Tradition und Erziehung variiert individuell. Dazu kommen Einflüsse, die die Beziehung zwischen Individuen und Gesellschaft übersteigen. Die Menschheit ist wie Goethes Zauberlehrling weitgehend hilfloses Objekt ihrer eigenen Erfindungen, Ideologien, Revolutionen, ihrer Wirtschaftsordnungen etc. geworden.

Ich möchte mich hier auf den Versuch beschränken, mit Hilfe der psychoanalytischen Erforschung vergesellschafteter Individuen die Gesellschaft wie auch ihre historischen Veränderungen zu erklären. Überlegungen zu dem problematischen Bereich der »Moral« mögen da ein Stück weiterhelfen. Daß die Wertnormen und Verhaltensforderungen innerhalb der Familie nicht mit denen in Wirtschaft und Politik übereinstimmen, ist nicht zu verkennen. Der Vater ist nicht nur ein beruflich »unsichtbarer Vater«, er ist auch ein unglaubwürdiger Vater, der in der außerfamiliären Welt eine andere Moral vertreten muß als innerhalb der Familie.

Wonach soll sich beispielsweise ein Kind oder ein junger Mensch richten, wenn in der Familie Rücksichtnahme gefordert wird, in der Gesellschaft aber Rivalität und rücksichtsloses Durchsetzungsverhalten herrschen? Dabei darf natürlich nicht übersehen werden, daß diese in sich widersprüchlichen Moralen nichts historisch absolut Neues darstellen. Auch das »Arrangement der Geschlechter«, das sowohl in der Familie wie außerhalb seit eh und je zu der so oft zitierten »doppelten Moral« führt, ist längst geschichtliche Tradition.

»Die modernen Gesellschaften und ihre Funktionen lassen sich nach dem Prinzip einer Wiederholung durch Vorbilder nicht erfüllen« (Jürgen Habermas, 1983). Und das um so weniger, je stärker sich die kapitalistische Welt im Wandel befindet. Das Bedürfnis, die Anonymität solcher funktionaler Erfordernisse zu durchbrechen, nimmt aber zu. Es bilden sich Gruppen, zu denen auch die Friedensbewegung gehört, die nach neuen Paradigmen sucht, um bisher unbekannte Problemlösungsversuche innerhalb der Völkergemeinschaft zu entdecken und auszuprobieren. Hier ist man auf der Suche nach einer Moral, die von der Befragung der Väter allerdings zunehmend unabhängig geworden ist. Seit der Studentenrevolte hat die Suche nach einer durch den Vater verkörperten Moral unübersehbar nachgelassen. Das mag darauf zurückzuführen sein, daß die Väter als Vorbilder versagten. Darüber hinaus sollte man nicht vergessen, daß in der Tradition unserer patriarchalischen Familienverhältnisse die Mütter in ihren Möglichkeiten, als Vorbild zu fungieren, kaum in Betracht gezogen wurden.

Alexander Mitscherlich hat in seinem Buch über die »vaterlose Gesellschaft« gesellschaftliche Prozesse beschrieben, die aufgrund der in ihnen herrschenden spurlosen »Arbeit« eine väterliche Vorbildkultur mehr oder weniger funktionslos gemacht haben. Damit verlor die patriarchalische Gesellschaftsstruktur in manchen Bereichen ihre Bedeutung, allerdings ohne daß gleichzeitig demokratische Entscheidungsprozesse, an denen Frauen und die schwächeren Teile unserer Gesellschaft entsprechend teilnehmen konnten, in Gang gekommen wären.

Vom Individuum her gesehen ist das Verschwinden des Vaters als Vorbildfigur auch heute noch ein Problem, das nicht unterschätzt werden sollte. In einer Arbeit »Jugend braucht Vorbilder« (1981) habe ich darzustellen versucht, daß ohne den notwendigen Reichtum an Identifikationsmöglichkeiten, vor allem im Kindes- und Jugendalter, seelische Mangelerscheinungen, Selbstwertstörungen sowie Frustrationsintoleranz und Liebesunfähigkeit auftreten können. In diesem Zusammenhang wird vom »Zeitalter des Narzißmus« gesprochen. Ein neuer, narzißtischer Sozialisationstyp wurde beschrieben, der als Produkt der gesellschaftlichen und familiären Verhältnisse angesehen wird. Damit sind Menschen gemeint, die nur noch um sich selbst kreisen und passiv-regressiv nach Erfüllung ihrer Wünsche und Bedürfnisse durch andere streben.

Daß »Vaterlosigkeit« nicht nur ein Mangel sein muß, das hat bereits Alexander Mitscherlich ausführlich beschrieben. In seinem Buch unterschied er zwischen negativer und positiver Vaterlosigkeit: »Eine Gesellschaft, die den Vater verliert, solange ihre Kinder seine Rolle für den Aufbau ihrer Identität bräuchten wie eh und je (und die ohne ihn mutterabhängig auf Lebenszeit blieben) – und eine, die den Vater besitzt, aber in der die Väter eine Identität mit sich selbst erreicht haben, die ihnen die Lösung vom Vatervorbild und vom ausschließlichen Denken in Kategorien der Vatervorherrschaft ermöglicht.«

Diese Aussage enthält allerdings auch Widersprüche. Einerseits heißt es dort, daß Kinder ohne entsprechende

Identifikation mit dem Vater mutterabhängig bleiben, andererseits wird die Notwendigkeit der Lösung vom Vater als Vorbild betont, um sich vom ausschließlichen Denken in Kategorien der Vaterherrschaft zu befreien. Die Voraussetzung dafür ist aber meines Erachtens gerade eine »Mutterabhängigkeit« oder, besser gesagt, eine Identifikation mit der Mutter, die mit der Fähigkeit, sich in andere, Schwächere einfühlen zu können, verbunden ist. Darin ein Vorbild zu sehen, das von der Gesellschaft, in der man lebt, als solches anerkannt und verinnerlicht wird, wäre ein Fortschritt zu mehr Toleranz und herrschaftsfreiem Umgang miteinander. Die bloße Idealisierung der »Mütterlichkeit« dient dagegen nur der Abwehr. Das »Arrangement der Geschlechter« braucht dann faktisch sich nicht zu ändern, die Bestätigung des höheren »Wertes« der Frau genügt zur Beschwichtigung eventueller Schuldgefühle.

Was aber ist Moral psychoanalytisch gesehen? Nach Freud ist sie mit dem persönlichen und dem sozialen Überich engstens verbunden. In seiner Untersuchung »Das Ich und das Es« (1923) schrieb er dazu:

»Wenn das Ich unter der Aggression des Überich leidet oder selbst erliegt, so ist sein Schicksal ein Gegenstück zu dem der Protisten, die an den Zersetzungsprodukten zugrundegehen, die sie selbst geschaffen haben. Als solches Zersetzungsprodukt im ökonomischen Sinne scheint uns die im Überich wirkende Moral.«

Der Mensch muß also nach Freud für seine Kultureignung einen hohen Preis zahlen. Beim wiederholten Lesen dieser letzten großen theoretischen Abhandlung Freuds wird einem bewußt, daß mit der hier erstmalig formulierten Instanzentheorie seelische Strukturen beschrieben werden, wie es sie heute in dieser Deutlichkeit kaum noch zu geben scheint.

Mit Hilfe der Einteilung in Es, Ich und Überich gelang es

Freud (1923), psychische Mechanismen seiner Zeitgenossen zu verstehen und neu einzuordnen, die bis dahin in dieser Klarheit nicht wahrgenommen und unterschieden werden konnten. Das »Überich« entsteht nach ihm durch Identifizierung mit den Ge- und Verboten der Eltern, vor allem des Vaters. Mit Hilfe dieser Identifizierung löst der Sohn seinen ödipalen Komplex, d. h. er gibt die vom Vater verbotene sexuelle Liebe zur Mutter auf. Beim Mädchen ist es die enttäuschende Entdeckung seiner Penislosigkeit, die es von der Mutter weg zum Vater treibt, von dem es sich ein Kind als Penisersatz wünscht. Aus Angst vor Liebesverlust – beim Knaben ist es die Kastrationsangst – verdrängt auch das Mädchen schließlich die ödipalen Wünsche und verinnerlicht die elterlichen Gebote – allerdings nie so vollständig wie der Knabe –, weswegen es auch – so Freud – meist lebenslänglich nur ein »schwaches Überich« entwickelt. Freuds Theorie (1931) von der weiblichen Entwicklung ist ein kontroverses Thema, über das sich zu diskutieren lohnt. Von einer neueren Sicht her betrachtet, erweist sich das sogenannte »schwache« Überich der Frau als flexibler und mitmenschlichen Beziehungen mehr verpflichtet als das sogenannte »starke«, starre, übermäßig gesetzestreue und gleichzeitig korrupte Überich des Mannes.

Für Freud (1933) klärte sich mit dem Wissen um die Entstehung des Überichs auch die Herkunft von Schuldgefühlen und von bewußten und unbewußten Strafbedürfnissen: Konflikte zwischen dem Ich und dem unerbittlichen Überich sind die Ursache dafür. Das Überich mißt das Ich am Ideal-Ich, beschämt und beschuldigt es, wenn es diesem nicht entspricht, bis das Ich sich rettet, indem es allzu angst- und schulderregende Triebbedürfnisse verdrängt. Die verdrängten, dennoch zur Aktion drängenden Triebwünsche, die aber vom Überich an ihrer Realisierung gehindert werden, können auf andere Körperteile oder andere psychische

Bereiche verschoben werden und zu hysterischen Symptomen, Phobien oder Zwangsneurosen führen. Da Wünsche und Phantasien auch dann Schuldgefühle erzeugen, wenn sie unbewußt bleiben, sind bewußte und unbewußte Schuldängste und die dadurch ausgelösten Strafbedürfnisse bei fast allen Menschen zu beobachten.

Über das Schicksal der verdrängten Aggression schreibt Freud: »Verhinderte Aggression scheint eine schwere Schädigung zu bedeuten, es sieht wirklich so aus, als müßten wir andere zerstören, um uns vor der Tendenz zur Selbstdestruktion zu bewahren. Gewiß eine traurige Eröffnung für den Ethiker« (1933). Je gewaltsamer die Aggressionen nach innen gewendet werden, je »stärker« das Überich ist, um so dringlicher müssen auch Wege gefunden werden, um zerstörerische Aggressionen wieder nach außen zu wenden, welche die Entstehung von Schuldgefühlen verhindern. Dazu verhelfen Sündenböcke, auf die man die eigenen unterdrückten Aggressionen, verpönten Wünsche und Verhaltensweisen projizieren und die man dann problemlos und angstfrei verfolgen kann, ohne sich deswegen schuldig zu fühlen.

Die neue strukturelle Theorie Freuds (1923), die eine differenzierte psychoanalytische Ich-Psychologie einleitet, entsprach aber einer Gesellschaft, in der der Vater noch die gesetzgebende Kraft der Familie und die Hauptverinnerlichungsfigur darstellte. Das Überich ist die in der Entwicklung des Menschen jüngste seelische Instanz und deswegen veränderungsfähiger als das Ich und vor allem das Es. Das Überich ist Träger bestehender Werturteile. Die sich mit den wandelnden Gesellschaftsformen ändernden moralischen Inhalte ändern auch Struktur und Inhalte des Überichs. Dennoch pflegen archaische Anteile aus den ersten Lebensjahren wie auch aus den überkommenen Traditionen neben Neuformungen bestehen zu bleiben. Darüber hinaus haben wir es oft mit zweierlei Arten des Überichs zu tun: einem individuellen und einem sozialen, die nicht selten miteinander in Widerspruch stehen. Wir haben in der Zeit des Nationalsozialismus erlebt, daß das individuelle Überich, d. h. Verhaltensweisen innerhalb der unmittelbaren Umwelt, durch eine mehr oder weniger unveränderte moralische Grundhaltung geregelt wurden, während die Gesellschaft im ganzen einer bisher bestehenden sozialen Moral den Rücken kehrte und Fremden, »Feinden«, verteufelten Rassen gegenüber Verhaltensweisen entwickelte, die wenige Jahre vorher den meisten undenkbar erschienen wären. Das soziale Überich kann sich unter dem Einfluß von Führerfiguren oder neuen »Idealen« in verblüffend kurzer Zeit grundlegend ändern, ohne daß das persönliche Überich im Innenbereich der Familie wesentlich daran teilzunehmen braucht.

Freud war in gewissem Sinne ein ahistorischer Denker; nach ihm bestimmen kindliche Erfahrungen bewußter und unbewußter Art weitgehend das spätere Leben. Die psychosexuelle Entwicklung erfolgt phasenspezifisch, die Triebanlage des Menschen ist mitgegeben, die Triebschicksale sind vom Erleben der phasenspezifischen Objektbeziehungen abhängig, psychogenetische Erklärungen stehen im Mittelpunkt der psychoanalytischen Triebtheorie und Praxis.

Die neuere, an Objektbeziehungen orientierte Theorie der Psychoanalyse konnte mittlerweile nachweisen, daß die phasenspezifische Entwicklung des Kindes in hohem Maße vom Verhalten der Objekte, d. h. der jeweiligen verschiedenen zwischenmenschlichen Beziehungen, bestimmt wird. Die Ethno-Psychoanalyse machte uns klar, wie beispielsweise das Überich, aber auch Ich-Strukturen und sogar das Unbewußte durch die jeweilige Kultur und die an dieser Kultur orientierte Erziehung geformt werden. Unbewußtheit kann durch Erziehungsmethoden und Denkhemmungen immer wieder neu produziert werden, wie es kürzlich Mario Erdheim (1982) beschrieben hat.

Mehr als alle anderen Strukturen des »psychischen Apparates« sind also das Überich und seine Inhalte von der jeweiligen Gesellschaft und deren Moral abhängig. Welche Veränderungen lassen sich in der Überich-Bildung seit den Zeiten Freuds zeigen? Mit dem Verlust des Vaters als anerkannter Autorität, die man zu idealisieren bereit ist, muß sich notwendigerweise auch das Überich der heutigen Generation verändern. So führen Ge- und Verbote des Vaters, die nach Freud die Hauptinhalte des Überichs darstellen, nur dann zu einer vom Ich nicht nur gefürchteten, sondern auch geliebten inneren Instanz, wenn dem Vater, seiner Haltung, seinen Werturteilen *Achtung* entgegengebracht werden. Sowohl autoritäre Väter des herkömmlichen Patriarchats als auch die verunsicherten, verdrängenden oder gleichgültigen Väter einer »vaterlosen Gesellschaft« haben wenig Aussicht, von der heutigen Jugend als Vorbild akzeptiert zu werden. Dafür ist eine neue Art von »Väterlichkeit« im Entstehen begriffen, zumindest bemühen sich viele junge Menschen um eine Neudefinierung des »Vaterseins«.

Mit dem Verlust einer geachteten Gewissensinstanz geht aber unweigerlich auch der Verlust des eigenen Selbstwertgefühls einher. Wenn wir einen gesellschaftlichen Zusammenbruch – zumindest der väterlichen Vorbilder – erleben, geraten wir in ständige Unsicherheit und wissen nicht, was als Ethik und Moral akzeptiert werden sollte und was nicht.

Da wir es in der Psychoanalyse immer mit konkreten Menschen zu tun haben, an denen sich die Folgen der familiären und gesellschaftlichen Phänomene wahrnehmen lassen, wenn auch immer auf eine sehr persönliche und von Individuum zu Individuum unterschiedliche Art und Weise, möchte ich unsere Beobachtungen an Beispielen veranschaulichen.

Ich beginne mit der skizzenhaften Darstellung eines jungen Mannes, der unter depressiven Verstimmungen litt und dem es schwerfiel, seine eigenen Gefühle wahrzunehmen oder sie einzuordnen. Er lebte seit kurzem mit einer Frau zusammen, die er als attraktiv und klug bezeichnete, konnte sich aber nicht entscheiden, sie zu heiraten, weil er im Grunde nicht wußte, ob er sie wirklich liebe. Diese Unentschiedenheit seiner Gefühle betraf aber nicht nur seine Lebensgefährtin, er empfand sie auch für sich selbst und für andere Menschen aus seiner näheren Umgebung. Obwohl er glaubte, seine Eltern zu lieben, konnte er das meistens nicht fühlen. Er wußte nicht, was in ihnen vor sich ging, es kam keine lebendige Beziehung zwischen ihnen zustande. Beide Eltern waren aus politischen Gründen vom Nazi-Regime verfolgt worden und hatten mehrere Jahre im Zuchthaus verbracht. Nach dem Krieg hatten sie ziemlich wurzellos in Südamerika ihr Dasein gefristet, waren schließlich nach Deutschland zurückgekehrt, wo sie sich fremd fühlten. Sie hatten an den Nachkriegsaktivitäten teilgenommen, um sich materielle Sicherheit zu verschaffen. Bis heute leben sie ohne tieferen Bezug zu ihrer Arbeit und ihrer Umgebung. Zu ihrem Sohn sprachen sie von ihren schlimmen Erfahrungen während des Krieges kaum, waren aber offenbar mit den Traumen, die sie in der Hitlerzeit erlitten hatten, niemals fertig geworden. Was mein Patient an Gefühlen und Phantasien zu erleben vermochte, kreiste weitgehend um die Eltern und ihre früheren Leiden. Da er von ihrer Vergangenheit wenig wußte, war er auf seine eigenen Vorstellungen darüber angewiesen, was ihnen wohl im einzelnen zugestoßen sein mochte. Es stellte sich heraus, daß er im Grunde von sich selbst verlangte, ähnliche

Not wie die Eltern durchzustehen, ehe er ein eigenes, erfülltes und befriedigendes Leben haben dürfte. Die Eltern waren ihm keine Vorbilder, sie waren in seinen Augen zerstörte Menschen, die ihn mit Mitleid erfüllten. Wenn er sich fast zwanghaft mit ihnen identifizierte, so geschah das offensichtlich aus dem Bedürfnis, ihre Verletzungen seelisch aufzuarbeiten und sie, soweit möglich, zu heilen. Wenn er nach Idealen suchte, dann im Bereich seiner Vorfahren.

Er lebte kaum im Hier und Jetzt, konnte auch deswegen für seine Frau, seine Freunde, seine Lehrer oder auch seine politischen Mitstreiter nur wenig Gefühle aufbringen, geschweige denn, daß er in ihnen ein Vorbild suchte. Wenn er überhaupt Gefühle aufbrachte, dann die der Wut. Phantasien, mit Feinden Kämpfe auszutragen und seine Eltern zu rächen, spielten in seinem Innenleben eine wesentliche Rolle. Auch wollte er dafür kämpfen, verlorene Objekte wiederzugewinnen, frühere, von ihm idealisierte Lebensgewohnheiten zu neuem Leben erwecken. Um seine Depressivität zu bekämpfen und ein Gefühl unmittelbarer körperlicher und seelischer Hier-und-Jetzt-Existenz zu erleben, nahm er gelegentlich sexuelle Beziehungen zu anderen Frauen auf. Die Beziehung zu seiner Lebensgefährtin blieb von einer tiefgreifenden Ambivalenz beherrscht: Er konnte nicht mit ihr und nicht ohne sie leben.

Wenn ich den Fall dieses jungen Mannes vorstelle, dann deshalb, weil er trotz aller Individualität seines Lebensschicksals etwas mitbrachte, was mir häufig begegnet: etwas Vages, untergründig Depressives und Entscheidungsunfähigkeit. Dabei tauchte in ihm immer wieder eine tiefe Sehnsucht danach auf, wirkliche Gefühle zu haben. Einerseits konnte er sich, äußerlich gesehen, wie ein leichtfertiger Don Juan verhalten, andererseits fühlte er sich verloren und verlassen und war von dem Bedürfnis getrieben, Ideale zu finden und selbst Ideale verwirklichen zu können. Aber trotz seiner Gefühls- und Bindungsunfähigkeit paßte er nicht ohne weiteres in das Bild des sogenannten neuen, auch als narzißtisch bezeichneten Sozialisationstyps, denn er kreiste nicht ausschließlich um sich selbst, sondern reagierte in hohem Maße empfindlich auf mitmenschliche Ungerechtigkeiten, auf Einfühlungslosigkeit und Gleichgültigkeit. Obwohl ehrgeizig, stand das Bedürfnis nach Glanz, Ruhm und Anerkennung keineswegs im Mittelpunkt seiner Bestrebungen. Den »Glanz im Auge der Mutter«, d. h. ihre Bewunderung für ihn, hatte er als Kind und auch später seiner Erinnerung nach durchaus erlebt.

Sich selbst zu finden, war ihm ohne Zweifel wichtig, aber offenbar war ihm das nur möglich, wenn er zuvor seine Eltern gefunden hatte und ihnen durch sich selbst ein sinnvolles Leben vermitteln konnte. Das klingt alles sehr schwierig, aber schwierig, unstet und hilflos ist nun einmal das Innenleben der meisten Menschen, die in psychoanalytische Behandlung kommen. Das bedeutet nicht, daß sie Versager sind oder an auffälligen neurotischen Symptomen leiden. Im Gegenteil, sie sind im Beruf oft erfolgreich und werden von ihrer Umgebung anerkannt. Sie haben häufig ein starkes Überich – nur bezieht es sich auf andere Bereiche und Werte als noch zu Freuds Zeiten.

Ich möchte mit Hilfe einer weiteren Behandlungsvignette eben diese Kompliziertheit der Überich- oder der moralischen Entwicklung in der Gegenwart veranschaulichen. Es handelt sich bei diesem Fall um eine junge Frau, die, wie der schon erwähnte Patient, wegen depressiver Verstimmungszustände und schwieriger, konfliktreicher Objektbeziehungen zu mir kam. Sie hat sich aus ihrer über Jahre bestehenden Ehe gelöst. Die Beziehung zu ihrem Mann war zeitweilig sehr eng und löste dennoch in ihr das Gefühl der Leere aus. Sie waren einander zu ähnlich und konnten dadurch voneinander eigentlich nichts Neues mehr erwarten. Sie nahm hier und da sexuelle Beziehungen zu anderen Männern auf, ohne sich aber tiefergehend darauf einzulassen. Schließlich verliebte sie sich in einen Mann aus einer anderen Kultur, einen Palästinenser, ohne den sie nach kurzer Zeit nicht mehr glaubte leben zu können. Sie fühlte sich von ihm gerade durch seine typische Unstetheit, seine Neigung zu extremen Stellungnahmen besonders angezogen und meinte gleichzeitig, daß sie sich niemandem gegenüber in ihren Gefühlen bisher so aufgeschlossen hätte. Die Gefühlsregungen, die dieser Mann in ihr weckte, waren aber merkwürdig widersprüchlich. Sie fühlte sich völlig verstanden und doch in gleichem Maße völlig übergangen. Es war eine schwierige, sie in ihren Grundfesten erschütternde und zugleich nahe und liebevolle Beziehung.

Als dieser Mann in seine Heimat zurückkehrte, wo eine Familie auf ihn wartete, war sie am Rande des Zusammenbruchs. Nie mehr, so meinte sie, würde sie sich gefühlsmäßig auf einen anderen Menschen wirklich einlassen können. Ihre Verzweiflung war überzeugend, ihre Schmerzen schienen nicht selten die Grenze des Tragbaren zu überschreiten, und ich hatte berechtigte Angst, daß sie sich etwas antun könnte. Ihr seelischer Zustand wirkte sich aber auf ihren Beruf nur wenig aus. Sie war tüchtig, intelligent, lern- und lehrfähig und machte auf ihre Umgebung einen überaus kompetenten und eher kühlen Eindruck.

Ihre Kindheit war wenig glücklich gewesen. Als sie etwa sechs Jahre alt war, ließen sich ihre Eltern scheiden, der Vater entwertete die Mutter als sexuell leichtfertige, wenig gebildete Frau, die Mutter fürchtete den Vater, dessen intellektuelle Schärfe sie und ihre Tochter sehr verletzen konnte. Als beide Elternteile eine neue Ehe eingingen, war die Erwähnung des jeweiligen anderen Elternteils mehr oder weniger tabu. Die Mutter paßte sich den neuen Verhältnissen offenbar übermäßig an, in denen die moralische Orientierung des Stiefvaters und seiner Umgebung bestimmend waren. Was die Entwicklung des Überichs betraf, so schienen die Verinnerlichungen der elterlichen Ge- und Verbote wie auch die Beziehung zu den Eltern in der frühen Kindheit eine gewisse Stabilität erreicht zu haben. Die Mutter strömte in dieser Zeit offenbar mehr Wärme und Zuwendung aus als später im Haus des neuen Ehemannes.

Meine Patientin war, wie ihre Mutter, zu sehr darauf angewiesen, geliebt zu werden und paßte sich deshalb den Anforderungen ihrer jeweiligen Umgebung mehr an, als ihr guttat. Sie fühlte sich oft überfordert und meinte, sie könne nur selten offen sein und eigene Bedürfnisse geltend machen.

Dennoch hatte sie kein »falsches Selbst« im Sinne Kohuts (1977), auch keine »Als-ob-Persönlichkeit« entwickelt, da sie sich ihrer Selbstentfremdung durchaus bewußt war und sich innerlich damit auseinandersetzte. Neben der Anpassungswilligkeit der Mutter und deren Eingehen auf die Wertvorstellungen ihrer Umgebung hatte sie aber auch vieles von der intellektuellen und moralischen Grausamkeit des väterlichen Überichs verinnerlicht. So wie sie sich von ihm in ihren geistigen Fähigkeiten nie anerkannt fühlte, so konnte sie weder der Mutter noch sich selbst eine einigermaßen stabile liebevolle Achtung entgegenbringen. Bei all ihrer Tüchtigkeit war sie unsicher und ängstlich. Sie war gleichzeitig hart und verletzend und viel zu nachgiebig.

Ihr gesellschaftliches Überich war stark entwickelt. Sie nahm teil an der Friedensbewegung, ihre politischen Interessen waren von einem starken moralischen Impetus geprägt. Bei ihrem Freund hatte sie ganz offensichtlich einen Teil der verlorengegangenen Mutterbeziehung der frühen

Kindheit gesucht; die Wärme und Intensität seiner Gefühle ihr gegenüber sog sie auf wie eine Verdurstende. Aber auch seine von einer anderen Kultur geprägten Wertvorstellungen, die auf ihre Weise – besonders was seine politische Haltung betraf – nicht minder hart, streng und unversöhnlich waren wie die des Vaters, machte sie sich zu eigen. Ihr Überich war gespalten: Soweit es von der Mutter geprägt war, schien es allzu nachgiebig und liebebedürftig, soweit es die Haltung des Vaters übernommen hatte, allzu hart und sich und andere verurteilend.

Der Ehemann setzte ihr keinen Widerstand entgegen; er stellte keine Identifikationsfigur dar, da diese zu einer gewissen Distanzierung fähig bleiben muß – zumindest wenn sie auf das Überich Einfluß gewinnen soll. Ihr späterer, von ihr so geliebter Freund vereinigte die elterlichen Überich-Instanzen, so wie sie es in ihrer frühen Kindheit erlebt haben mag. Die Trennung von ihm war als Wiederholung des kindlichen Traumas besonders schmerzlich. Denn nicht nur die Identifikation mit den Verhaltensweisen, den moralischen und sozialen Forderungen unserer Eltern und unserer Kultur prägen unseren Charakter, sondern auch die Identifikation mit den verlorenen mitmenschlichen Objekten. Damit sind nicht nur die Eltern der ödipalen Phase gemeint, denen wir sexuelle Gefühle entgegenbringen, die wir aufgeben müssen, sondern ganz allgemein von uns mit starken Gefühlen besetzte Menschen, mit deren Verlust wir konfrontiert werden.

Trauerarbeit bedeutet neben immer wiederholten schmerzlichen Erinnerungen auch eine langsam sich vollziehende Verinnerlichung des uns verlorengegangenen Menschen oder der verlorenen Beziehung. Solche qualvollen Prozesse führen unweigerlich zur seelischen Veränderung unserer Person. Aber erst mit ihrer Hilfe, insbesondere mit der Bewußtmachung solcher Vorgänge, kann die notwendige Lösung sich einstellen und eine lebendige Beziehung zu den Menschen und Dingen der Gegenwart wieder aufgenommen werden.

Mit der Entwicklung der vielfach zitierten narzißtischen Persönlichkeit, der das »Über-ich« abhanden gekommen sein soll, ist der Ruf nach einem im herkömmlichen Sinn funktionierenden Überich wieder laut geworden. Dabei vergessen die meisten, welche überwältigenden Ängste die rigide alte Sexualmoral auslösen konnte, von wieviel Heuchelei und doppelter Moral sie begleitet war, welche katastrophalen sozialen Ungerechtigkeiten die paternalistische Moral deckte. Auch darf nicht vergessen werden, wie wenig das Überich im Sinne der bürgerlichen Kultur zu Zeiten Freuds mit der Fähigkeit zu persönlicher Verantwortung gleichzusetzen war, wie sehr es von Vorurteilen geprägt, mit welcher Blindheit es geschlagen war.

Freud hat wiederholt beschrieben, wie nah das Überich dem Es steht, wie viele unbewußte Kräfte das Überich beherrschen. Die Härte und Destruktivität, die das Überich oft auszeichnen, bezieht es nach Freud (1933) aus den Kräften des Todestriebes. Das individuelle Überich wird nicht nur von den Ge- und Verboten der Eltern geprägt, sondern auch von dem Überich der Eltern selbst, das diesen meistens unbewußt ist. Gleichzeitig verinnerlicht das Ich (und das Überich) Züge der mitmenschlichen Objekte, die es verliert oder aufgeben muß. Jeder von uns ist also einerseits Träger der von den Eltern verinnerlichten Traditionen, steht aber andererseits unter dem Einfluß der realen gegenwärtigen Welt: Seine individuellen seelischen Inhalte und Strukturen spiegeln Veränderungen seiner Umwelt und seiner Gesellschaft wider.

Der amerikanische Ethno-Psychoanalytiker Abram Kardiner hat 1945 eine wohlhabende amerikanische Provinzpopulation untersucht. Er kam zu dem Schluß, daß sich die

Religion in dieser Gemeinschaft im Stadium der Auflösung befand und Erfolg und sozialer Wohlstand sie ersetzt hatten. Der Aufschub von Befriedigung – also eine Sublimierungsarbeit im Sinne der klassischen Psychoanalyse, wie sie Freud als Grundlage der menschlichen Kultureignung sah – hat seinen Wert in der Wohlstandsgesellschaft mehr oder weniger verloren. In dieser Population gilt es, eine psychische Struktur zu entwickeln, die die Anpassung an eine rasch expandierende Welt erlaubt. Für die Mitglieder einer Konsumgesellschaft wird es zur Pflicht, zu konsumieren – das Überich muß auf schnellen, vorübergehenden Genuß eingestellt sein.

Das gesellschaftlich geforderte Überich ist in dauernder Änderung begriffen, gleichzeitig bestehen alte familiäre Überich-Forderungen weiter und spalten die Persönlichkeit der Menschen. Historisch gesehen haben wir eine lange Entwicklung hinter uns. Die mittelalterliche Kosmologie sah die Welt als von einem mächtigen Vater beherrscht, dessen Befehle gleichzeitig Naturgesetze waren. Schon die seit der Reformation sich entfaltenden Naturwissenschaften, die die Zeit der Aufklärung einleiteten, veränderten die Elemente des gesellschaftlichen Überichs grundlegend. Der Wert von Macht und Genuß ist heute vielfach an die Stelle von Verzicht und Glauben getreten. Religiöser Dogmatismus findet im Westen nur noch wenig Anhänger, während zugleich die Grenzen des Fortschritts und des Wohlstands mittlerweile den meisten bewußt geworden sind. Fortschritt und Wohlstand wurden in manchen Bereichen unseres Lebens zu Feinden von Fortschritt und Wohlstand: Heute würden Forschungen wie die Kardiners wahrscheinlich ergeben, daß in der von ihm untersuchten provinziellen Wohlstandsgesellschaft ein Anteil der Jugendlichen sich in Friedensbewegungen, in psychotherapeutischen Gruppen, auf der Suche nach Alternativlösungen zusammenfinden, die nichts mehr von der früheren Wohlstands- und Fortschrittsideologie zu enthalten scheinen. Der um sich selbst kreisende, beziehungsunfähige Narziß ist nicht der die Gesellschaft beherrschende Typus des jungen Menschen. Dabei können wir nicht übersehen, daß in manchen der beschriebenen Gruppen die Kluft zur vorgegebenen Wirklichkeit und zu bisherigen gesellschaftlichen Geltungskriterien immer größer wird, neue realitätsfähige psychische Strukturen und Zielvorstellungen sich aber nur langsam abzuzeichnen beginnen.

Vom Gesellschaftlichen her gesehen haben sich die moralischen Forderungen wesentlich verändert. Individuell gesehen, bleiben wir alle Kinder von Eltern, deren Verhalten, Erziehungsstil, Moral wir, ob wir wollen oder nicht, auf die eine oder andere Weise verinnerlichen. Je weniger wir diese Verinnerlichungen unserer kindlichen Beziehungsfiguren, von außen oder von innen, anerkennen, um so abhängiger werden wir von äußeren Einflüssen und von unseren eigenen Affekten, denen wir dann mehr oder weniger hilflos ausgeliefert sind. Gerade weil er sich dieser Orientierungslosigkeit oft schmerzlich bewußt ist, ist mancher Zeitgenosse mehr denn je auf der Suche nach neuen inneren und äußeren moralischen Gesetzen und Problemlösungen.

Aber ändert sich durch ein verändertes Bewußtsein, z.B. von Werten, Moral, Kultur etc. auch unser Verhalten? Als Psychoanalytikern ist uns bekannt, daß bessere Einsicht nicht unbedingt zu neuen Formen des Handelns befähigt. An der psychoanalytisch nur höchst indirekt lösbaren Aufgabe, dem Patienten nicht nur Einsichten, sondern auch neue Verhaltensmöglichkeiten zu vermitteln, scheitert manche Behandlung.

Auch patriarchalische Herrschaftsstrukturen lassen sich durch Bewußtmachung so leicht nicht aufheben. Sie sind mit zuviel Macht- und Triebbefriedigungen der Männer verbunden. Hinzu kommt, daß die Lust am Unterdrücken und Befehlen sich mit der Lust mancher Frauen, den Unterdrücker zu befriedigen, verbinden kann. Um sich solchen wiederholenden Verhaltensmustern zu entziehen, sollen vor allem Frauen sich der eingefahrenen gesellschaftlichen und ökonomischen Struktur bewußt werden und ihr andere Möglichkeiten gesellschaftlichen und individuellen Verhaltens entgegenstellen.

4. Die Toten antworten nicht mehr – Trauerarbeit und Trauerkrankheit

Die Toten antworten nicht mehr, und dennoch führen wir noch lange nach dem Tode uns nahestehender Menschen innere Gespräche mit ihnen. Antworten die Toten uns also doch? Hängt es von uns und unserer intensiven Zuwendung, unserer oft verzweifelten Sehnsucht nach der Gegenwart der Verstorbenen ab, ob eine Form des Dialogs bestehen bleibt oder nicht? Können diese einseitigen Gespräche eine Linderung von Gefühlen der Verlassenheit und des Ausgeliefertseins erreichen? Wann werden sie zu einer Behinderung dessen, was man in der Psychoanalyse als *Trauerarbeit* bezeichnet? Wann führen sie zu einem dauerhaften melancholischen Rückzug in eigene Verzweiflung? Wann wird aus der Trauer eine *Trauerkrankheit*?

Aus psychoanalytischen Behandlungen, aus eigenen und fremden Erfahrungen, aus der Literatur und Ethnologie läßt sich entnehmen, daß es individuelle und gesellschaftliche Unterschiede im Umgang mit Trennung und Trauer gibt. Die Rituale des Abschieds spielen dabei eine mehr oder weniger große Rolle. Auch Art und Weise des Verlustes wirken sich auf Form und Inhalt der Trauer aus. Es ist etwas anderes, wenn eine lange Krankheit schon zu Lebzeiten des Partners oder der Partnerin den ungestörten Kontakt unterbrochen hat und Gespräche, wie man sie mit dem Gesunden führte, nicht mehr möglich waren, als wenn der Tod plötzlich eintritt und eine unverändert bestehende Beziehung, einen lebendigen Dialog von einem Augenblick zum anderen zerstört. In diesem Fall wird das Gefühl des plötzlich Alleingelassenseins überwältigender sein, als wenn wir auf die Einsamkeit durch ein schweres, lange dauerndes Leiden vorbereitet sind.

Bücher, wie das von Marlene Lohner (1982) herausgegebene »Plötzlich allein« und Simone de Beauvoirs »Zeremonie des Abschieds« (1983), stehen für solche Unterschiede des Umgangs mit endgültigen Trennungen. Marlene Lohner schreibt: »Innerlich war ich mit Edgar in einem fast ununterbrochenen Dialog. In den ersten zwei bis drei Jahren habe ich fast pausenlos mit ihm gesprochen. Durch die enorme innere Nähe war die äußere Entfernung, das Getrenntsein noch viel schlimmer. Es war eine einzige Qual. Ich marterte mich mit Selbstvorwürfen. Immer wieder ging mir im Kopf herum, was ich hätte anders machen können. Ich saß da und grübelte und weinte und wütete gegen das Schicksal.«

Der über viele Jahre sich erstreckende Abschied von Sartre, den Simone de Beauvoir zu leisten hatte, die Konfrontation mit dem Leiden des ihr am nächsten stehenden Menschen, mit dem sie sich in ihren Tagebüchern und Gesprächen beschäftigte, machte den endgültigen Abschied nicht leichter, bereitete aber auf ihn vor. Die Dialoge mit Sartre wurden zwar nach seinem Tode fortgesetzt, aber doch, so scheint es, nicht mit der alles überwältigenden Verzweiflung des plötzlichen Verlassen-worden-Seins, wie sie Marlene Lohner beschreibt. Der unvorhergesehene Tod ihres Mannes, das abrupte Ende einer intensiven Beziehung verlangte dagegen von Marlene Lohner eine seelische Umstellung, auf die sie in keiner Weise vorbereitet war.

Sie zeigt uns, daß innere Gespräche mit dem Toten keineswegs immer eine Erleichterung der Verlassenheitsgefühle bringen, sondern diese noch zu steigern vermögen. Aber auch für die Freunde und Angehörigen der Trauernden kann deren ausschließliche Beschäftigung mit dem Verlust, können die oft damit verbundenen Vorwürfe und Selbstanklagen eine Qual sein. Wenn sich ein solches Verhalten nach kürzerer oder längerer Zeit mildert und Interesse am Umgang mit Menschen und an gegenwärtigen Ereignissen wieder wach wird, sehen wir darin nichts Krankhaftes. Im Gegenteil, die Auseinandersetzung mit dem erlittenen Trauma scheint ein notwendiger seelischer Prozeß zu sein, in dessen Verlauf die Zuwendung zu den Lebenden wieder möglich wird. Das erfährt auch Marlene Lohner: »Irgendwann im Verlauf des vierten Jahres merkte ich, daß meine Trauer um Edgar etwas milder geworden war, daß die Schmerzwellen in größeren Abständen kamen.« Langsam regte sich auch in ihr wieder der Wunsch, an der unmittelbaren Gegenwart teilzunehmen, zu arbeiten, sich mit anderen Menschen und Dingen zu beschäftigen.

Der innere Dialog mit den Toten beginnt im Laufe der Zeit weniger intensiv und weniger schmerzlich zu werden. Die Erinnerung an sie ist nicht mehr von dem überwältigenden Gefühl des Verlustes begleitet, wenn auch so etwas wie intensivere Lebenslust nicht selten für lange Zeit oder für immer verlorengeht.

Im Laufe eines Trauerprozesses können Eigenschaften, Funktionen, Verhaltensweisen des »verlorenen Objektes«, wie Freud es ausdrückte, verinnerlicht werden: Die Zurückgebliebenen identifizieren sich oft mit den von ihnen gegangenen Menschen. Wenn aber die Anklagen und Selbstanklagen im Laufe der Jahre keine Milderung erfahren, haben wir es mit einer *Trauerkrankheit* zu tun, einer Selbstbezogenheit, die Ausdruck einer narzißtischen Neurose sein kann. Die Identifikation mit den Verlorenen, die Verinnerlichung dessen, was sie für uns repräsentierten, führt dann nicht zu einer Bereicherung unseres Ichs, sondern zu einer »großartigen Ich-Verarmung«. Wertvolle Teile des eigenen Ichs werden quasi mit den Verstorbenen begraben. Dazu tragen

Anklagen bei, die im Grunde dem verlorenen Menschen gelten, aber verinnerlicht und gegen das eigene Ich gerichtet werden. Freud (1917) hat diesen Vorgang in »Trauer und Melancholie« beschrieben.

Im Unterschied zur Trauer geht die Melancholie mit einem Verlust des eigenen Selbstwerts einher, der auf die Ambivalenz in der Beziehung zum verlorenen Objekt zurückgeführt wird; der unbewußte Zorn, die geheimen Anklagen dem so überaus geliebten Menschen gegenüber werden verdrängt, dann verinnerlicht und gegen das eigene Ich gewendet. Eine solche psychische Situation tiefgehender Ambivalenz führt letztlich in eine Sackgasse, aus der der Kranke den Ausweg oft nicht mehr findet. Gerade die Ambivalenz, die verdrängt werden muß, hat zu einer unglücklichen Fixierung an das »verlorene Objekt« geführt. Der Melancholiker kreist um sein eigenes Elend, in ständiger Wiederholung äußert er alte Vorwürfe sich und anderen gegenüber, nichts Neues scheint in sein Denken und Fühlen, in seine Beziehungen zu Menschen mehr eindringen zu können.

Aber keine Beziehung ist ohne Ambivalenz, also auch keine Trauer ohne Melancholie. Das Problem ist das Ausmaß der Ambivalenz und deren Verdrängung. Sie bestimmt den Grad der Melancholie. Die Verinnerlichung eines »verlorenen Objekts«, die Identifizierung mit einem Menschen, von dem man Abschied nehmen mußte, braucht also nicht zwangsweise zur Melancholie zu führen. Sie kann auch Anlaß zu einer Erweiterung der seelischen Fähigkeiten des Verstehens und Erkennens sein. Alle wichtigen Lebensphasen werden durch neue Identifizierungen eingeleitet und das ist wiederum nicht denkbar ohne einen teilweisen Verlust oder eine Bedeutungsänderung bisher bestehender Liebes- und Abhängigkeitsbeziehungen.

Für Simone de Beauvoir und Jean-Paul Sartre führte der Prozeß der gegenseitigen Identifizierung ein Leben lang zu einer Bereicherung ihrer Persönlichkeit. Allerdings fühlten sie sich manchmal in einem solchen Ausmaß einander ähnlich, daß eine Art Symbiose entstand, in der der eine über den anderen so genau Bescheid zu wissen glaubte, daß sie in Gefahr gerieten, gerade aus dieser »Überlegenheit« des Wissens heraus, den anderen doch zu verkennen. Denn natürlich kennt man einen Menschen niemals ganz. Beauvoir spricht wiederholt von den »Zwillingszeichen auf unserer Stirn«, die zeitweilig dazu führten, daß Simone glaubt, kein eigenes »Ich« mehr zu haben. Beide, Beauvoir wie Sartre, waren offenbar nicht immer in der Lage, einander gegenüber die notwendigen Grenzen zu erkennen.

Etwas von diesem Gefühl des Einsseins wird sich wahrscheinlich in jeder langdauernden Beziehung einstellen, wenn auch selten in dem Ausmaß, wie Beauvoir es beschreibt. Sie wird auch nicht immer mit der kreativen Erweiterung der eigenen Fähigkeiten einhergehen, wie sie das Leben dieses Paares prägt. Aber gerade die Trennung einer solchen Partnerschaft kann besonders unerträglich sein und überwältigende Ängste auslösen.

Obwohl der Umgang mit Trauer und Trennung so vielfältig ist, wie es Menschen und Kulturen gibt, lassen sich typische Verlaufsformen herausarbeiten. Darüber und über die mit Trennung verbundene Angst gibt es eine ausgedehnte Literatur. Mit dem Begriff der Trauerarbeit ist in der Psychoanalyse nicht nur die seelische Bewältigung des endgültigen Verlustes des Liebesobjektes gemeint; trauern kann man auch über den Verlust der Kindheit und der Jugend, um den Verlust von Idealen und Traditionen, um verlorene Beziehungen und verlorenes Glück. Trauer und Trennung sind ein miteinander eng verbundenes seelisches Geschehen. Trennung löst oft Angst, aber gelegentlich auch Erleichterung und nicht selten ein Gefühl abgründiger Verzweiflung, ja Panik aus. Aber Verzweiflung über die Trennung einer

Beziehung, über den Abschied von der Jugend, vom Glück einer bestimmten Lebensperiode ist etwas anderes als Trauer über den Tod eines Menschen. Die Klagen, die in uns dem Menschen gegenüber wüten, der uns alleingelassen hat, können im Angesicht des Todes, der Endgültigkeit des Verlustes nur selten geäußert werden. Gefühle des Zorns, der Wut, ja der Rache sind dem Toten gegenüber sinnlos und erwecken nur Schuldgefühle. Auch unterliegen sie dem Tabu gesellschaftlicher Moralvorstellungen. Diese Unfähigkeit, Gefühle der Ambivalenz einem Verstorbenen gegenüber auch nur vor sich selbst offen zuzugeben, kann der Anlaß dafür werden, daß *Trauerarbeit* nicht geleistet wird und eine *Trauerkrankheit* sich einstellt.

Jenseits der melancholischen Selbstvorwürfe gibt es bei jeder Trennung von einem geliebten und begehrten Menschen Angstzustände, die bis an die Grenze des menschlich Erträglichen gehen können. Dabei spielt es keine wesentliche Rolle, ob es sich um Trennung durch Tod oder um andere nicht mehr aufzuhaltende Trennungen handelt. Gegen den Verlust eines lebenswichtigen Menschen wird sich etwas in jedem von uns panisch zur Wehr setzen; denn Trennung wird als innerer Tod erlebt, die Angst, ohne den geliebten Menschen einfach nicht mehr atmen zu können, kann überwältigend sein. Wenn dazu noch das Gefühl sich einstellt, man sei selbst irgendwie schuld an dem unerträglichen Zustand, man habe versagt, man könne diese Trennung durch Änderung des eigenen Verhaltens irgendwie rückgängig machen, setzt eine verzweifelte innere, manchmal auch äußere hektische Aktivität ein. Die Hoffnung auf eine Wiedervereinigung kann nicht aufgegeben werden, so sehr sie jeder vernünftigen Argumentation entgegensteht. Es dauert oft Jahre, bis solche Zustände ein einigermaßen erträgliches Niveau erreichen.

Bei dieser Art der Trennungsängste und der Verzweiflung

handelt es sich weniger um eine Identifikation mit dem »verlorenen Objekt« im Sinne der Verinnerlichung eigener Aggressionen und Ambivalenzen dem Verlorenen gegenüber, die dann gegen das eigene Ich gewendet werden, als vielmehr um ein Nicht-aufgeben-Können einer Beziehung, obwohl sie nur noch in der Innenwelt des Betroffenen besteht und jeder vernünftigen Betrachtung der Realität widerspricht. Das kann auch als eine manische Abwehr gegen eine drohende Melancholie angesehen werden. Simone de Beauvoir (1972) hat in ihrem Roman »Eine gebrochene Frau« eindringlich eine solche Entwicklung geschildert, die besonders Frauen trifft, für die Mann und Familie der zentrale Lebensinhalt sind, Frauen, die vergessen haben oder es sich nie klar machten, daß sie für die Gesellschaft und ihre Entwicklung keine geringere Verantwortung tragen als für die individuellen und familiären Beziehungen. Durch ihr eingeengtes Interesse ist der Verlust des Partners oft vorprogrammiert. Dabei wird auch das Sensorium für die Entfremdungsvorgänge zwischen zwei Menschen getrübt.

Die Identifikation mit dem verlorenen oder seine Bedeutung verändernden »Objekt«, wie sie im Laufe unserer individuellen seelischen Entwicklung immer von Neuem stattfindet, kann, aber muß nicht zur Selbstzerfleischung, zu Melancholie oder zur inneren Fixierung an eine verlorene Beziehung und an verlorene Ideale und Traditionen führen. Die seelische Bearbeitung des Verlorenen ist jedoch unerläßlich, um der seelischen Stagnation nicht anheimzufallen. Nur wer Abschied nimmt von einer Beziehung, von einem Lebensabschnitt, von Hoffnungen auf Verwirklichung unerreichbarer Sehnsüchte, kann Beziehungen, Gefühle und Wahrnehmungen verinnerlichen; das trägt zur Offenheit für neue Erfahrungen bei und fügt den mitmenschlichen Beziehungen bisher unbekannte Dimensionen hinzu.

Für Freud trug der unvermeidliche Verzicht auf die Realisierung von sexuellen Wünschen und Haßgefühlen den lebenswichtigen Menschen der Kindheit gegenüber zur Verinnerlichung von deren Eigenschaften, deren Idealen, deren Ge- und Verboten bei. Das sah er als Vorbedingung dafür an, ein sogenanntes »Überich« ausbilden zu können. Je ambivalenter dieses für das Begehren des Kindes partiell »verlorene Objekt« geliebt wurde, je stärker sich verborgener Haß in die Beziehung eingeschlichen hat, um so mehr wird ein Mensch von seinem Überich bedrängt werden, um so größer wird seine Neigung zu Selbsthaß und Selbstvorwürfen sein. Ein Teil der Person klagt den anderen Teil an; selbstquälerische Lust kann dann die seelische Atmosphäre beherrschen.

Christa Wolf (1976) spricht in ihrem Buch »Kindheitsmuster« davon, daß Gefühle sich rächen, die man sich verbieten muß. Damit waren nicht nur verbotene Liebes- und Haßgefühle der Kindheit gemeint, sondern auch Gefühle, für die man sich im nachhinein schämt. Sie dachte dabei vor allem an die intensiven Gefühle der Hitlerzeit, die sie erlebte: Liebe für den Führer, das Vaterland und Haß gegen die Feinde und gegen alles sogenannte lebensunwerte Leben. Mit dem Verlust der Erinnerung von Gefühlen geht auch der Verlust des inneren Gedächtnisses einher. Mit ihm verliert ein Mensch oder auch ein Volk den Zugang zum eigenen Innenleben, seine Selbstwahrnehmung ist getrübt, auch wenn die äußeren Ereignisse erinnert werden. Gerade mit der Verdrängung von Gefühlen werden Menschen unfähig, sich von ihnen zu lösen. Denkhemmungen, die sich auch auf andere Bereiche ausdehnen, sind die Folge. Die Crux dabei ist, daß Ideale, Bindungen, Verhaltensweisen, die längst nicht mehr »aktuell« sind, untergründig bestehen bleiben können. Eine Auseinandersetzung mit ihnen findet nicht statt, das Tor zur Gegenwart bleibt verschlossen, die Offenheit für neue Erfahrungen ist eingeschränkt.

Dem veränderungsunfähigen Beharren in Beziehungen und Idealen aus der ersten Lebenshälfte folgt meist Einsamkeit und Bitterkeit in der zweiten. Vielleicht kann die Skizzierung eines kurzen Behandlungsabschnittes anschaulicher machen, wie schwer Stagnationen der inneren Entwicklung sich auflösen lassen, wenn überholte libidinöse Bindungen nicht aufgegeben werden können.

Emma B. war eine Frau von Ende fünfzig, die nicht aus eigenem Antrieb zu mir kam. Ihre Tochter schickte sie, weil sie dem seelischen Zustand der Mutter hilflos gegenüberstand. Emma hatte erst vor wenigen Jahren in eine Scheidung eingewilligt, obwohl ihr Mann seit vielen Jahren mit einer anderen Frau zusammenlebte. Für sie gab es nur diesen einzigen Mann, für den sie, ihrer Meinung nach, auch die einzig richtige Frau war. Sie hatte ihren Mann immer idealisiert, die Tochter galt ihr als Erfüllung dieser einzigartigen Beziehung. Ihr Mann hatte sich offenbar diese Idealisierung gern gefallen lassen, sich dadurch aber auch eingeengt gefühlt. Jedenfalls wendete er sich im Laufe der Ehe immer wieder anderen Frauen zu und äußerte schließlich den Wunsch nach einer Trennung. Emma reagierte mit Ablehnung und konnte die Hoffnung nicht aufgeben, ihn eines Tages zurückzugewinnen. Auch nach vielen Jahren der Trennung änderte sich an dieser inneren und äußeren Haltung von ihr wenig. Sie blieb in pathologischer Weise an die Vorstellung fixiert, daß ihr Mann zurückkehren würde. Die Tochter wurde in diesen Kampf um den Vater mit hineingezogen, so daß sie das Gefühl entwickelte, für die Mutter eigentlich nur als Bindeglied zum Vater Bedeutung zu haben. Auch während Emmas Lebensmitte und beginnendem Alter änderte sich diese erstarrte innere Haltung kaum. Ihre phantasierte innere Beziehung zu ihrem Mann und damit auch die Unmöglichkeit, ihre Tochter wirklich wahrzunehmen, zerstörte langsam, aber unaufhaltsam den lebendigen Kontakt mit ihrem eigenen Inneren und mit den Menschen ihrer Umgebung. Emma war offenbar eine Frau, die einmal eingegangene Libido-Positionen, das heißt Liebes- und Haßbedürfnisse, nicht aufzugeben vermochte, sie litt quasi an einer Hoffnungskrankheit, die sie immer weiter von der Wirklichkeit entfernte. In einer Gesellschaft, die die »große Liebe«, die Gründung einer Familie, Kinder zum zentralen Lebensinhalt der Frau gemacht hat, ist das ein häufiges Frauenschicksal. Mit dieser falschen Trennung: die Frau für die Familie, der Mann für die Gesellschaft verbinden sich fatale gesellschaftliche Entwicklungen und eine trostlose Unfähigkeit der Geschlechter, miteinander ins Gespräch zu kommen.

Trauerarbeit zu leisten heißt also auch, falsche Hoffnungen und Rollensterotype aufgeben zu können, sich mit dem Ende einer Beziehung, einer Karriere, des Lebens überhaupt innerlich zu konfrontieren. Das ist für den Mann, der mit der Notwendigkeit zu verzichten in seiner Erziehung und in seinem Leben viel seltener konfrontiert wird als die Frau, besonders schwierig. Für ihn hält die Gesellschaft allerdings auch viele Ausflüchte bereit, mit deren Hilfe er sich der Konfrontation mit Trennung und Trauer, mit dem Tod, aber auch mit dem Abschied von Größenphantasien und den mit Herrschaftsdenken verbundenen Rollenfixierungen entziehen kann. Die unausweichlichen Folgen sind Einengung und Verarmung seines Gefühlslebens. Die mangelnde Einfühlung in seine eigene innere Welt und die der anderen verstärkt die Neigung zu Projektionen und den Aufbau von Feindbildern. Die Folgen haben wir alle zu tragen; das führt uns die von Männern und ihren Prinzipien gemachte gewalttätige und von Paranoia beherrschte Geschichte täglich vor Augen. Nicht zufällig hat die Spirale der Gewalt und Aufrüstung eine Höhe erreicht, die das Ende der Menschheit herbeiführen kann. Ohne eine schmerzliche Trennungs- und

Trauerarbeit gegenüber bisherigen Idealen und Denkmustern geraten wir in Gefahr, Opfer rigider Rationalisierungen, Phantasien und Projektionen zu werden.

Wir müssen ertragen lernen, daß die Toten nicht mehr antworten, daß Beziehungen ein Ende gefunden haben, wenn wir nicht innerlich erstarren wollen. Bei Lucie L., die nur mit einer partiellen Trennung konfrontiert war, war die seelische Situation eine andere als bei Emma B. Auch sie kam zu mir, weil Traurigkeit und Verzweiflung sie zu überwältigen drohten. Sie hielt sich äußerlich für wenig attraktiv – das ging auf abfällige Äußerungen ihrer Mutter in ihrer Kindheit zurück –, wußte aber, daß sie durch ihre Heiterkeit und Lebendigkeit Menschen anzuziehen vermochte. In den letzten Jahren hatte ihre Fähigkeit, Fröhlichkeit auszustrahlen, erheblich nachgelassen. Sie konnte ihre Kollegen und Freunde nicht mehr so von sich und ihrer Arbeit überzeugen, wie sie das bisher gewohnt war, ihre adoleszenten Kinder machten ihr Vorwürfe, nicht mehr genug Verständnis für ihre Probleme aufzubringen. Ihr Mann fühlte sich von einer jüngeren Frau, die ihm den Optimismus und die Lebenslust vermittelte, die er bei seiner Frau vermißte, angezogen. Obwohl ihre Ehe deswegen nicht gefährdet schien, versank Lucie L. in ein Gefühl tiefer Resignation. Sie klagte sich selbst der beruflichen Unfähigkeit, des Neides, der Eifersucht, der Mißgunst und zahlreicher anderer von ihr abgelehnter Charaktereigenschaften an. Sie wütete gegen sich und weinte verzweifelt in der Erinnerung an das junge Mädchen, das sie einmal gewesen und von dem ihr Vater so bezaubert war, wie sie sich auch als junge Frau der Begeisterung ihres Mannes hatte sicher fühlen können. Sie war unvermittelt von der Erlebniswelt eines jungen Mädchens in die Lebensmitte, in die Position einer Frau im Klimakterium gestoßen worden. Sie vermochte ihren Körper nicht mehr zu lieben, sie pflegte sich weniger, die sexuelle Beziehung zu ihrem Mann änderte sich, die Sicherheit, Konkurrenz mit anderen Frauen siegreich bestehen zu können, war untergraben, kurz, alles, worauf ihr Selbstwertgefühl sich begründet hatte, schien ins Wanken zu geraten. Sie war unfähig, die vielen Möglichkeiten, die ihr geblieben waren, wahrzunehmen und zu nutzen. Untergründige Aggressionen machten ihr Schuldgefühle und verstärkten ihre zwischen Demut, Anklage und Aggression schwankende Haltung, die dann tatsächlich zur Folge hatte, daß sie ihren Kollegen wie auch ihrem Mann auf die Nerven fiel. Eine lebenslang geübte Realitätsabwehr, die ihre Idealisierungen unterstützte, brach zusammen. Es war für diese Frau, die dazu neigte, ihre angsterregenden Aggressionen zu unterdrücken oder mit Hilfe von Idealisierungen zu verleugnen, eine Erleichterung, ihre negativen Gefühle und Ansichten über mich als ihre Psychoanalytikerin offen zu äußern. Sie erlebte mich als rücksichtslose Frau, die sich ohne Schuldgefühle in jeder Hinsicht durchzusetzen wußte. Sie brauchte dieses Bild von mir, um sich damit identifizieren zu können. Langsam lernte sie, Schuld und Angst in Verbindung mit ihren eigenen, ihr immer deutlicher werdenden Aggressionen zu ertragen und ihre negativen Gefühle, ihre Kritik offener zu äußern und die vernichtende Angst vor Liebesverlust auf ein erträgliches Maß zu reduzieren. Im Verlauf dieses Prozesses gelang es ihr, wieder Zugang zu ihren Fähigkeiten zu finden, ihr Selbstwertgefühl stabilisierte sich. Als sie sich auf einer anderen Ebene des Erwachsenseins wieder als einen Menschen zu erleben vermochte, der andere von sich überzeugen konnte, war die Gefahr, daß aus der Trauer um einen verlorenen Lebensabschnitt eine Trauerkrankheit zu werden drohte, vorläufig gebannt.

Diese verkürzte Darstellung einer Gratwanderung zwischen produktiver Trauerarbeit und melancholischer Stagnation und Selbstverstümmelung kann natürlich nur in groben Umrissen die vielfältigen inneren Auseinandersetzungen und den Verlauf eines sich zunehmend befreienden Umgangs mit Erinnerungen, Gefühlen, Haltungen wiedergeben.

Maya Nadig und Mario Erdheim (1980) haben den Begriff des »sozialen Todes« und seine psychischen Folgen in die Psychoanalyse eingeführt: Sie versuchten am Beispiel Freuds, der sich nach seinem mehr oder weniger erzwungenen Rückzug von der Universitätslaufbahn in einer gesellschaftlichen Isolierung befand, zu zeigen, daß mit der Durcharbeitung sozialer Niederlagen auch eine Auseinandersetzung mit unseren Macht- und Größenphantasien einsetzen kann, die einen neuen Zugang zum Unbewußten ermöglicht. Freud gelang es mit Hilfe seiner Selbstanalyse, seiner Depression Herr zu werden und seine Größenphantasien aufzudecken, die ihn bisher an Rollenklischees von sozialem und beruflichem Erfolg hatten festhalten lassen. Das war offenbar eine Voraussetzung dafür, daß er sein bahnbrechendes Buch über den Traum schreiben und zum Begründer der Psychoanalyse werden konnte (1900).

Mario Erdheim (1982) stellt in seinem Buch »Die gesellschaftliche Produktion von Unbewußtheit« dem heute so häufig beschworenen »Elend der Aufklärung«, das ja dadurch ausgelöst wird, daß sich die Aufklärung in weiten Bereichen auf das Rationale beschränkt und die unbewußten Motive menschlichen Verhaltens nicht einbezieht, das »Elend der Unbewußtheit« gegenüber. Die Unfähigkeit zu trauern ist immer auch eine Folge der Unfähigkeit, Rollenfixierungen und unbewußte Größenphantasien aufzugeben bzw. sich mit unbewußten Motiven, verpönten Gefühlen, Wünschen und Phantasien zu konfrontieren.

Die Identifikation mit dem verlorenen Objekt oder umgekehrt das Aufgeben des durch Identifikation seine unmittelbare Bedeutung verlierenden Objekts sind Vorgänge, die in der psychoanalytischen Theorie eine herausragende Rolle spielen. Im Laufe der kindlichen Entwicklung ist die Identifikation (mit Vater oder Mutter) die Voraussetzung für die Lösung von allzu engen Bindungen, die dem Alter des Kindes nicht mehr entsprechen. Mit diesen Verinnerlichungen verlieren mitmenschliche Bindungen an emotioneller Bedeutung, im früheren wie im späteren Leben eines Menschen. Um es zu wiederholen: Es ist ein normaler Vorgang, daß menschliche Bezugspersonen – ohne endgültig verlorenzugehen – ihre Bedeutung für den jeweilig Betroffenen verändern oder Wünsche bestimmten Menschen gegenüber langsam vergehen. Das sind seelische Vorgänge anderer, wenn auch verwandter Art, die die Konfrontation mit Tod und Trennung begleiten.

Dies kann man auch als einen Lernprozeß des Abschiednehmens, des Aufbaus der Fähigkeit, allein sein zu können, bezeichnen. Wenn ein Mensch sich, wie Simone de Beauvoir, in den verschiedenen Phasen des Lebens mit seinem Partner identifiziert, die Beziehung zu ihm nicht abgebrochen wird, auch wenn sie sich andauernd verändert und die Eigenständigkeit des Denkens und Fühlens dadurch nicht beeinträchtigt, sondern vertieft wird, dann sind innerseelische Zeremonien des Abschieds während einer langen Krankheit des Partners mit den realen Erlebnissen vom Abbau der physischen und psychischen Kräfte des *alter ego* unmittelbar verbunden. In den vielen Jahren der Krankheit Sartres bis zu seinem Tode versuchte Beauvoir mit aller ihr zur Verfügung stehenden Energie, den Dialog mit ihm aufrechtzuerhalten. Der Tote antwortete schließlich endgültig nicht mehr, und das bedeutete für sie das Ende ihrer bisherigen Gemeinsamkeit, das sie bei aller Vorbereitung mit Entsetzen und einem zeitweiligen Zusammenbruch ihrer psychischen und physischen Kräfte beantwortete. Es ist bekannt, daß das Gefühl der Angst und Aussichtslosigkeit sich oft erst längere Zeit nach dem Tode eines geliebten Menschen einstellt, wenn man nicht mehr daran zweifeln kann, daß das Objekt der Sehnsucht unwiederbringlich verloren ist.

Was aber bedeutet der Tod in der uns umgebenden Gesellschaft? Wir leben in einer schnellebigen Zeit, langfristige Beziehungen oder deren Verinnerlichung sind wenig gefragt, wir sind auf größtmöglichen, in kurzer Zeit erreichbaren Genuß und Konsum eingestellt. Macht und Erfolg gelten als erstrebenswertere Ziele als dauerhafte Kontakte. Die religiöse Vorstellung, für seine guten Taten in einem Leben nach dem Tode belohnt zu werden, bestimmt das Verhalten des modernen Menschen kaum noch. In den Medien erfolgt der Tod meist plötzlich, entweder durch menschliche Einwirkung oder durch Naturkatastrophen. Ein natürlicher Tod durch altersentsprechenden Abbau der Kräfte ist kein Thema für das Fernsehen. Das steht in Zusammenhang mit einer Beobachtung Freuds, daß wir uns in unserem Unbewußten für unsterblich halten. Wir betonen regelmäßig die zufällige Veranlassung des Todes, den Unfall, die Erkrankung, die Infektion, das hohe Alter und verraten so unser Bestreben, den Tod von einer Notwendigkeit zu einer Zufälligkeit herabzudrücken.

Wir wissen zwar, auch schon als Kinder, daß der Tod als Abschluß unseres Lebens unumgänglich ist, können uns aber dennoch den eigenen Tod nicht vorstellen. Mit dem Tod als sich langsam vollziehenden Lebensende werden die meisten Menschen zu selten konfrontiert. Es fehlt an Gelegenheiten dazu, beziehungsweise wir schaffen sie uns aus dem Wege, wir wollen uns mit den angsterregenden, mit inneren komplizierten Prozessen einhergehenden Zeremonien des Abschieds möglichst wenig beschäftigen. Kranke sterben in Krankenhäusern, Alte und Sieche verbringen ihre letzten Jahre in Pflegeheimen. Mit dieser Verweigerung, sich mit dem Sterben auseinanderzusetzen, geht eine Verarmung unserer seelischen Erlebnisfähigkeit einher – denn nur die Auseinandersetzung mit der eigenen Sterblichkeit nach dem Verlust eines Menschen, dem dadurch ausgelösten Trauerprozeß wie auch der langsamen Verinnerlichung unserer Beziehung zu den Verlorenen kann uns vor dem seelischen Versteinern bewahren.

Der Tod ist sozusagen unmodern, denn er verstößt gegen die Vorstellung eines dauernden Fortschritts. Der Tod – früher oft als religiöses Motiv von Künstlern verwendet und dargestellt – hat heute kaum noch eine spirituelle Bedeutung. Von der Kirche wurde er, wie man weiß, gern als Erpressungsmittel benutzt. Die Formel: Es komme nicht auf das diesseitige, sondern auf das jenseitige Leben an, hat ihre Rolle als billiger Trost freilich weitgehend ausgespielt.

Wenn wir von der Notwendigkeit zu trauern sprechen, geht es uns also nicht darum, die Menschen auf Verzicht in diesem und auf die Erwartung einer Erfüllung in einem späteren Leben einzuüben, sondern darum, den Tod als Teil unseres Lebens, als Beendigung jeden Lebens anzuerkennen.

Über die Manie als Abwehr gegen die Wahrnehmung der Zerreißung von Objektbeziehungen, als Versuch, dies ungeschehen zu machen und das zerstörte Objekt oder Ideal illusionär wiederherzustellen, wird in der Psychoanalyse immer weniger diskutiert. In dem psychoanalytischen Wörterbuch von Laplanche und Pontalis (1967) kommt der Begriff Manie nicht vor. In der Manie wehrt sich der Kranke dagegen, seine Größenphantasien aufzugeben. In seinem Briefwechsel mit Freud erwähnt Abraham (1922) Beobachtungen bei Trauernden, die man als »normale Manie« bezeichnen könnte. Er schreibt in einem Brief vom 13.3.1922: »Sie, lieber Herr Professor, vermissen im Ablauf der normalen Trauer einen Vorgang, der dem Umschlag der Melancholie in Manie entspräche. Ich glaube, ihn aber doch namhaft machen zu können, ohne zu wissen, ob diese Reaktion etwas Regelmäßiges darstellt. Ich habe den Eindruck, daß ziemlich viele Menschen einige Zeit nach einem Trauerfall eine Steigerung der Libido zeigen. Die Steigerung der Libido einige Zeit nach dem ›Objektverlust‹ wäre wohl eine gute Ergänzung der Parallele zwischen Trauer und Melancholie.«

Erst nach Klärung eines Mißverständnisses verstand Freud, daß Abraham nach einem »normalen Vorbild für den Wandel Melancholie/Manie« suchte, ein Mißverständnis, das mit der Aversion zusammenhängt, »die wir«, so die französische Psychoanalytikerin Torok (1983), »alle verspüren, wenn wir nach Art und Weise eines Sakrilegs in das intime Wesen der Trauer einzudringen versuchen«. Die Erfahrungen Toroks und anderer Analytiker mit ihren Patienten bestätigen die Annahme Abrahams, daß eine »Steigerung der Libido« anläßlich eines Objektverlustes ein verbreitetes Phänomen ist und die manische Reaktion nur eine pathologisch übertriebene Form der »normalen« Reaktionen auf eine »Objektzerreißung« darstellt. Sie ist die mehr oder weniger typische psychologische Reaktion auf die Gefahr, mit dem Objekt das eigene Selbst zu begraben.

Wenn aber unter besonderen Umständen auf die Steigerung der Libido nach dem Verlust eines geliebten Menschen mit starken Schuld- und Schamgefühlen reagiert wird, so daß das sexuelle Erlebnis um jeden Preis verdrängt werden muß, kann Trauer sich in eine *Trauerkrankheit* verwandeln. Torok schildert den Fall eines depressiven jungen Mannes, der über viele Jahre den Verlust seiner Mutter nicht verschmerzen konnte, offenbar weil sich mit ihrem Tod verbotene libidinöse Erregungen verbanden. Es stellte sich heraus, daß er in seiner Kindheit mit einem in sich widersprüchlichen Verhalten seiner Mutter nicht fertig geworden war: Sie hatte sein kindlich-sexuelles Begehren gespürt, ja erwidert, um dann bei nächster Gelegenheit seine Wünsche verständnislos zurückzuweisen, als hätte es zwischen ihnen nie eine

Übereinstimmung ihrer Gefühle gegeben. Schuld und Scham überfluteten ihn, so daß sein Begehren beerdigt und zu einer der vielen Grabstätten seiner Ich-Entwicklung wurde, in der er wichtige Teile seiner Gefühle nicht als zu sich gehörig erleben durfte. Das Ereignis selbst, seine sexuelle Erregung am Sterbebett seiner Mutter, die er in der Nacht, als sie starb, deswegen verließ und zu seiner Freundin ging, hatte er über viele Jahre verdrängt. Die Erinnerung daran wurde ihm erst in der Analyse wieder bewußt, was nach Durcharbeitung seiner Schuld- und Schamgefühle zur Lösung seiner Fixierung an die Mutter führte.

Auch Gandhi litt sein Leben lang unter starken Schuldgefühlen, weil er bei der Pflege seines sterbenden Vaters von heftigen sexuellen Wünschen ergriffen worden war und seinen Vater plötzlich verlassen hatte, um zu seiner Frau zu gehen. Als er bei seiner Frau lag, starb sein Vater. Die geschlechtliche Enthaltsamkeit – wie die Askese überhaupt – stand später im Mittelpunkt seiner Bestrebungen. Aber Gandhi verdrängte seine Schuldgefühle und das damit verbundene Ereignis nicht. Er entwickelte keine Trauerkrankheit, sondern – wenn man so will – eine gelegentlich fast manisch anmutende politische Aktivität. In gewissem Sinne war sein Verhalten eine lebenslange Sühne, mit der er aber bei näherer Betrachtung nicht nur seine Schuldgefühle, sondern auch die damit verbundenen sexuellen Wünsche erinnernd am Leben hielt. Keine Trauerkrankheit also, eher eine dauerhafte Manie, eine unbesiegte Libido gepaart mit dem Versuch einer grandiosen Wiedergutmachung nach einem Objektverlust. Die unzähligen persönlichen Opfer, die Einhaltung von Gelübden, die er sich abverlangte, wurden gespeist von einer libidinösen Kraft, die ihren Teil zu der weltweiten politischen Wirkung seiner Aktionen beigetragen haben mag.

Die Fähigkeit zur Wiedergutmachung setzt eine bewußte

Auseinandersetzung mit und ein Ertragen von Schuld- und Schamgefühlen und deren Ursachen voraus. Dieser Prozeß wird erleichtert durch eine Erziehung, die Ambivalenz zuläßt, Aggressionen erträgt, auf gesellschaftlich tabuierte sexuelle Wünsche einfühlend und verständnisvoll reagiert. Dann werden Scham- und Schuldgefühle nicht zu Verdrängungen und Projektionen eigener abgelehnter Anteile auf andere Zeitgenossen führen, die Friedhöfe der Denk- und Gefühlsentwicklung entstehen lassen und destruktive auf Kosten libidinöser Kräfte fördern.

Eine solche Gefahr besteht nicht nur für individuelle, sondern auch für gesellschaftliche Prozesse. Ich brauche nur an unsere eigene jüngste Geschichte zu erinnern und daran, wie bis heute mit ihr umgegangen wird. Verdrängung von Schuld und Scham führte zu der von Alexander Mitscherlich und mir beschriebenen Unfähigkeit zu trauern. Dadurch entstand eine untergründige Depression, die es wiederum mit Hilfe von Konsumbetäubung und Habgier zu verdrängen galt. Die libidinöse Kraft und der von innen kommende Wunsch nach einer real umgesetzten Wiedergutmachung fehlen. Dabei könnte vor allem die Fähigkeit zur Wiedergutmachung die Selbstachtung der Deutschen stärken, mit deren Hilfe Depressionen bekämpft werden können.

Diese Chance blieb in der gegenwärtigen Auseinandersetzung mit dem Asylantenproblem weitgehend ungenutzt. Bekanntlich ist die Zahl der Flüchtlinge und Asylanten in unserem Land sowohl prozentual als auch im Verhältnis zu anderen viel ärmeren Ländern gering. Die Art des Umgangs mit ihnen, ihre Integrierung in die Bevölkerung ist in der Dritten Welt oft menschlicher und wärmer als bei uns. Als 1949 die neue deutsche Verfassung entstand, konnten und wollten sich offenbar mehr Menschen daran erinnern als heute. Mit dem im Grundsatz verankerten Asylrecht wurde der Grundstein für eine künftige Wiedergutmachung gelegt.

Heute hört man vielfach Rufe nach einer Änderung dieses Gesetzes. Den dunkelhaarigen und dunkelhäutigen Opfern politischen und materiellen Elends in ihren Herkunftsländern, den Asylanten, aber auch den Fremdarbeitern werden häufig Kälte und Ablehnung entgegengebracht. Kleinliche Angst vor eigenen materiellen Einschränkungen herrscht vor. Was sollen diese »schmutzigen« Menschen in unserem sauberen und reichen Deutschland? Hat die Erregung, die man ihnen gegenüber empfindet, vielleicht auch etwas mit unserer verdrängten Vergangenheit zu tun? Kehrt der alte »Untermensch«, den die Nazis ermordet oder vertrieben hatten, heute als Asylant zurück? Die Fähigkeit zu trauern und der Wunsch nach Wiedergutmachung bilden eine Einheit. Sie verbinden sich mit Hilfsbereitschaft und Einfühlung auch in Andersdenkende und Andersaussehende. Sollten diese Eigenschaften bei der Mehrheit unserer Bevölkerung verlorengegangen sein?

5. Vom Nutzen und Nachteil der Sündenböcke*

Mit drei psychologisch orientierten Gedankengängen möchte ich mich hier beschäftigen, mit Gedankengängen, die mit der Entstehung von Kriegen, der Rüstungsmentalität und den damit zusammenhängenden wirtschaftlichen Schwierigkeiten und menschlichen Ängsten zu tun haben.
1. Mit dem Freund-Feind-Denken, d.h. mit der Neigung vieler Menschen, eigene Gefühle abzuwehren und sie auf andere Menschen zu verschieben. Man nennt das auch »projizieren«.
2. Mit den Protesten der Jugend und ihrer Auflehnung gegen eben dieses Projizieren, das immer mit Unterdrückung von neuen Denkmöglichkeiten verbunden ist, denn in den Kategorien des Freund-Feind-Denkens ist der Bürger oder die Bürgerin den Vorurteilen der Obrigkeit ausgeliefert.
3. Mit der Rolle der Frauen in einem solchen Herrschaftsgefälle und ihren psychologischen und gesellschaftlichen Konsequenzen.

Albert Einstein hat 1953 in einem Brief an die *Jewish Peace Fellowship* geschrieben: »Bloßes Lob des Friedens ist einfach, aber wirkungslos. Was wir brauchen, ist aktive Teilnahme am Kampf gegen den Krieg und alles, was zum Krieg führt.« Aber gerade darüber, was zum Krieg führt oder womit man ihn bekämpft, konnte bisher keine Einigung erreicht werden. Kurt Biedenkopf (1981) schrieb: »Wir haben es in Deutschland wie in anderen europäischen Ländern mit

---
* Diesem Beitrag liegt ein Text zugrunde, den ich für eine Diskussion mit Professor Kurt Biedenkopf im Bertelsmann Verlag geschrieben habe.

einer ›Einsichtslücke‹ zu tun.« Der Abstraktionsgrad des Vorganges Verteidigung habe sich so weit erhöht, daß es dem einzelnen immer weniger möglich sei, sich mit ihm zu identifizieren und sich an ihm zu beteiligen. Der zeitliche Abstand zwischen der Entscheidung, die neue Technologie zu nutzen, und dem beginnenden Bewußtsein ihrer Auswirkungen entspräche etwa einer Generation. Die Friedensbewegung habe gezeigt, daß die Menschen Grenzsituationen, die die Vernichtung der ganzen Menschheit möglich machen, nicht als Dauerzustand ertragen können.

Darin stimme ich mit Biedenkopf überein, fürchte aber: Wenn das Verhalten auf beiden Seiten der politischen Gegner weiterhin darauf hinausläuft, sich gegenseitig militärisch möglichst »abzusichern«, droht Gefahr, daß wir einer allseitigen Vernichtung entgegenstreben. Dafür einige Begründungen: Wer sich an Hitler und seine Arbeitsbeschaffung durch Kriegsvorbereitungen erinnert, der weiß, daß ein solches angeblich defensives Vorgehen – Hand in Hand mit einer Fixierung auf einen Sündenbock – fast zwangsläufig zum Krieg führen muß. Der oft geäußerte Einwand, gerade das Beispiel Hitlers zeige, daß es auf eine gegenseitige Absicherung ankäme, leuchtet nur bei oberflächlicher Betrachtung ein. Das Denken in Freund-Feind-Kategorien und die entsprechende Aufrüstungsmentalität sind psychologisch unfähig, Konflikte friedlich zu lösen.

Hitler und Stalin sind tot, Deutschland ist geteilt, die Bundesrepublik, wenngleich ein wirtschaftlicher Riese, ist ein politischer Zwerg, und das Mißtrauen zwischen den beiden Supermächten und ihren Verbündeten beherrscht seit langem die Szene. Psychologische Faktoren spielen dabei keine geringe Rolle. Eine Ideologie, die die Notwendigkeit der atomaren Rüstung begründet und gleichzeitig die Gefahr verleugnet, die damit verbunden ist, findet in weiten Teilen der Bevölkerung Unterstützung. Mit Erstaunen stellt man fest, daß sich viele Menschen einer solchen Ideologie überlassen, ohne offene Angst dabei zu empfinden.

Auch im Nationalsozialismus erlebten wir die Verleugnung von Gefahren durch die sogenannte »Gleichschaltung«. Bei ihr handelte es sich um einen Vorgang, den »man sich zunächst nicht als ein jubelndes Einschwenken in eine angebotene Glaubenslehre vorstellen darf, sondern viele Individuen empfanden erst einmal Angst, von einer neuen Entwicklung aus ihren persönlichen Lebenssicherungen, aus ihrer Karriere und auch aus dem Kreis ihrer Bekannten und Freunde ausgeschlossen zu werden, wenn sie sich nicht... den Forderungen anpaßten. Dieser für das Selbstgefühl nicht sehr ruhmreiche Opportunismus wird aber rasch vergessen, vor allem wenn Anpassung... Sicherheit und... Gewinnchancen bietet« (aus: »Die Unfähigkeit zu trauern«). Damals rüstete man – für jeden, der sehen konnte – offen zu einem Krieg, dessen Gefahr entweder verleugnet oder als unvermeidlich hingenommen wurde.

Heute nehmen viele Zeitgenossen die Gefahr zwar intellektuell deutlicher wahr, ohne aber die dazugehörige Angst zu empfinden. Unmittelbare Sorgen und Ängste beherrschen das tägliche Leben der meisten Menschen weitaus mehr als die drohende Gefahr einer totalen Zerstörung, die eher verdrängt wird. Ängste vor Arbeitslosigkeit, vor einer wirtschaftlichen Katastrophe, vor der Zerstörung der Umwelt, Sorgen um die Kinder und Jugendlichen, die keine Ausbildung bekommen, die drogenabhängig werden, sich Sekten zuwenden oder sich den Eltern entfremden, sind verständlich, da sie mit realen Gefahren und Erlebnissen verbunden sind. Dennoch mutet manchmal das Ausmaß dieser Ängste und Sorgen übertrieben an, wenn man es mit der Verleugnung der Gefahr vergleicht, die sich aus der Aufrüstung mit atomaren Waffen ergibt. Betrachtet man seine Mitmenschen genauer, so entdeckt man, daß mit Hilfe der einen Sorge und Angst häufig die andere verdrängt wird: Die täglichen Sorgen dienen dann als Abwehr der Angst vor zukünftiger unvorstellbarer Zerstörung. Das Engagement in der Friedensbewegung wiederum, die auf die Auswirkungen eines Atomkrieges hinweist, kann dazu benutzt werden, sich weniger mit den Nöten, Sorgen und sozialen Problemen der unmittelbaren Gegenwart auseinanderzusetzen oder von der Vergangenheit in der Gegenwart abzulenken. Daß das Bewußtsein der *einen* Gefahr mit dem Vergessen und Verdrängen der *anderen* verbunden sein kann, war in den letzten Jahren nicht selten Thema von psychologischen Diskussionen.

In der Frauenbewegung setzte man sich damit auseinander, welchen Stellenwert das Thema Frieden für die Situation der Frau haben könnte. Nur wenige Frauen konnten sich vorstellen, Angehörige einer militärischen Streitmacht zu werden oder Aufrüstung zu fördern, aber andererseits gaben Frauen zu bedenken, ob sie mit der Zuweisung in die Kategorie von »Friedensfrauen« nicht in die alte Rolle der kompromißbereiten, vermittelnden, dienenden Frau zurückgedrängt werden sollten. Frieden kann eben auch der Friedhofsfrieden einer unkritischen, kampflosen Hinnahme von Gewohnheitsunrecht werden, das den Frauen so lange aufgezwungen worden ist. Auf den männlichen Zynismus, Frauen als Arbeiterinnen und Soldaten an der Kriegsmaschinerie zu beteiligen – wie es in den beiden letzten Weltkriegen geschah – und sie so zu Komplizen der destruktiven und paranoiden Männer zu machen, fallen viele Frauen so leicht nicht mehr herein. Nur wenige Männer sind bereit, sich mit den ihnen unbequemen Problemen, Forderungen und Einsichten von politisch bewußten Frauen auseinanderzusetzen, die meisten reagieren darauf aggressiv oder höhnisch, eine Reaktion, die in unserer (wie in den meisten)

Gesellschaften mehr oder weniger als selbstverständlich hingenommen wird.

Psychologisch ist die Kriegsgefahr immer mit einer manichäischen Einstellung, der Einteilung der Menschen in Gute und Böse, d. h. mit der Projektion eigener abgewehrter seelischer Anteile auf »Feinde« verbunden: Ich, mein Volk, meine Verbündeten sind gut; die Kommunisten, die Juden sind böse. Man erlebt die Situation dann folgerichtig so: »Die bösen anderen sind es, die uns bedrohen, und nicht die Wirklichkeit des Atomkrieges« (P. Parin, 1985).

Allzu viele Menschen sind konfliktunfähig. Intensivere bewußte und unbewußte Schuldgefühle zu ertragen, die meistens eine Folge von angsterregenden eigenen Aggressionen sind, ist ihnen nicht möglich. Sie kommen deswegen ohne Sündenböcke nicht aus, auf die sie ihre Aggressionen verschieben.

Angst kann sowohl mit dem Gefühl der Ohnmacht wie mit dem Gefühl von Schuld, der Hilflosigkeit gegenüber einer inneren aggressiv-tyrannischen Instanz verbunden sein, die sich gegen das eigene Ich wendet. Ohne gegenseitige Projektionen und Schuldverschiebungen großen Ausmaßes, denen Männer häufiger unterliegen als Frauen (die Begründung dafür habe ich in meinem Buch »Die friedfertige Frau« zu geben versucht) wären Kriege und Aufrüstungsmentalität in dem bestehenden Ausmaß kaum möglich. Mit der Fähigkeit, die eigenen seelischen Vorgänge wahrzunehmen, sie zu ertragen und zu verstehen, ohne Feindbilder aufbauen zu müssen, würde sich auch die Kriegsgefahr verringern. Wie wir allerdings in größerem Umfang erreichen sollen, unseren Zeitgenossen sowohl zu einem neuen Bewußtsein über das reale Ausmaß der äußeren Gefahr zu verhelfen, als auch zu einem bewußteren Umgang mit den eigenen innerpsychischen Vorgängen, dafür hat bisher niemand entsprechende Mittel und Wege gefunden.

Nur schwer überwindbar scheint die Tendenz, daß kritisches neues Wissen den gewohnten Denkrastern zum Opfer fällt. Auf Erfahrung und Logik wird dabei keine Rücksicht genommen – es handelt sich um einen quasi automatischen Vorgang, der von Angst diktiert ist. Diese Angst macht wiederum unfähig, sich mit Konflikten offen auseinanderzusetzen. Nicht zuletzt diese Denkmuster machen die Verhandlungen zwischen den beiden Supermächten so zäh und unergiebig. Die Überzeugung beider Seiten, daß nur eine überlegene Rüstung den Gegner daran hindern kann, sich seine Vormachtstellung zu erkämpfen, scheint unerschütterbar. Die eigene Aggressionsbereitschaft wird verleugnet oder nur als Antwort auf einen phantasierten Angriff des Gegners erlebt. Die Abwehr der eigenen untergründigen Aggressionen und Schuldgefühle scheint wichtiger zu sein als die Rücksichtnahme auf das tatsächliche Überleben.

Wir dürfen wohl zu Recht vermuten, daß die Menschen im Osten den gleichen Verfolgungsphantasien und seelischen Mechanismen unterworfen sind wie die Menschen im Westen. Dennoch scheint das Denken Gorbatschows zur Zeit weniger von starren Automatismen und fixen Ideen beherrscht zu sein als dasjenige von Reagan. Auch für die meisten Deutschen ist es seit den fünfziger Jahren »der Russe«, der als Verfolger phantasiert wird; zu Zeiten Hitlers war »der Jude« Opfer paranoider Projektionen, dem die Schuld an den deutschen Vernichtungsfeldzügen und schließlich auch an seiner eigenen Vernichtung in den KZs zufiel. Die Deutschen wollten und konnten weder die zerstörerische Aggressivität der Führung wahrnehmen noch sich in das Schicksal des »Feindes« einfühlen. Daran sollte man sich immer erinnern, wenn man nicht blinden Wiederholungen anheimfallen will.

Natürlich haben wir es auch mit anderen als psychologischen Realitäten zu tun, die es ebenfalls wahrzunehmen gilt. So dürften sich einerseits die meisten Menschen hierzulande darin einig sein, daß eine parlamentarische Demokratie jeder Diktatur vorzuziehen ist, mag sie sich politisch nun rechts oder links gerieren. Andererseits ist aber nicht zu leugnen, daß *beide* Supermächte ihre eigenen Interessen verfolgen und die der anderen Seite ablehnen und daß sie überdies bestrebt sind, ihren Herrschafts- und Einflußbereich möglichst weit auszudehnen, auch und gerade auf Kosten des anderen und seiner Interessen.

Es seien noch einige Anmerkungen zum Thema »Jugendproteste« hinzugefügt, weil sie in diesem Zusammenhang von Bedeutung sind. Ob es sich bei den Protesten um die Folge geänderter Wertvorstellungen, des Verlusts von Vorbildern oder um Konsequenzen politischer, wirtschaftlicher und beruflicher Probleme handelt oder ob noch andere Faktoren im Spiel sind, die Ängste und Unsicherheiten auslösen, dies wird man wohl von Fall zu Fall unterschiedlich zu bewerten haben. Kurt Biedenkopf sprach in seinem oben genannten Beitrag von einem Konflikt zwischen der Generation, welche die Entscheidung fällte, die neue Technologie atomarer Provenienz zu nutzen, und derjenigen, in der sich das Bewußtsein über ihre Auswirkungen entwickelte. Das war bei der Studentenrevolte in den sechziger Jahren anders. Die Verschmutzung und Zerstörung der Umwelt standen noch nicht im Mittelpunkt des Protestes dieser Generation, obwohl bereits in den fünfziger Jahren manche Kritiker darauf hingewiesen hatten, beispielsweise G. Anders und A. Mitscherlich. Die Studentenbewegung hatte ein anderes Generationsproblem: Es war – zumindest in der Bundesrepublik Deutschland – vorwiegend die Auseinandersetzung mit den Vätern und deren Vergangenheit, um die sich der Protest zentrierte. Diese Elterngeneration hatte sich bekanntlich nach dem Krieg zunehmend mit den jeweiligen

Supermächten politisch identifiziert und sich zu deren kriegerischen Aktionen mehr oder weniger unkritisch bekannt. Es war deswegen nicht nur die heuchlerische Fehlbewertung der Vergangenheit, sondern auch die schönfärberische Fehlbewertung der Gegenwart (der Vietnamkrieg, die Zustände in Persien, der spät-kolonialistische Umgang mit der Dritten Welt), an der sich Proteste entzündeten. Mit der Entidealisierung der Amerikaner ging eine Entidealisierung der Eltern, vor allem des Vaters einher, die sich natürlich schon vorher angebahnt hatte, aber erst in diesen Zusammenhängen offen zum Ausdruck kam.

Die Frauenbewegung wurde damals quasi neu geboren. Im Zusammenhang mit der antiautoritären Bewegung gelang es den Frauen, sich ihre erdrückende Situation in einer Männergesellschaft wieder bewußt zu machen. Sie knüpften an Traditionen an, die über viele Jahre in Vergessenheit geraten waren. Mit der Zerschlagung der radikalen, kämpferischen und pazifistischen Frauenbewegung hatte Hitler bis weit über seinen Tod hinaus Erfolg. Ein alles Bisherige übertreffender Männlichkeitswahn beherrschte die NS-Zeit. Frauen waren aus der Gesellschaft und Politik verbannt. Sie hatten Führer und Vaterland Kinder zu gebären und häuslich zu sein. Die Bereitschaft der Frauen, sich solchen Rollenmustern von Weiblichkeit anzupassen, hat sich – bis auf einige Kriegs- und Nachkriegsjahre – bis in die sechziger Jahre erhalten.

Fast schlagartig änderte sich das nun bei einem großen Teil der Frauen. Die Erinnerung an die mutigen und um radikale Gesellschaftsänderung kämpfenden Frauen des 19. und beginnenden 20. Jahrhunderts wurde wieder wach. Die Erfindung der Pille unterstützte die neue kämpferische Haltung der Frau und ihre sexuelle Selbstbestimmung. Der Kampf gegen die Rollendiktate der Männer und deren »Weiblichkeitsideale« wurde radikaler denn je geführt. Noch nie haben sich männliche Politiker so dazu gedrängt gefühlt wie heute, Frauen in ihre Reihen aufzunehmen, in denen Frauen bisher – wenn überhaupt – nur eine den Männern und deren politischen Vorstellungen angepaßte Existenz hatten führen dürfen.

Je mehr sich Frauen die patriarchalischen Herrschaftsverhältnisse und sadomasochistischen Grundlagen vor Augen führten, d. h. je deutlicher sie die Lust der Männer am Unterdrücken und die der Frauen am Unterdrücktwerden erkannten, um so stärker wurde ihr Bestreben nach Emanzipation.

Herrschaft baut sich auf sadomasochistische Verhaltensweisen auf und wird von ihnen getragen. Bewußtes und unbewußtes »Herrschaftswissen«, wie es bereits Adorno und Mitarbeiter (1953) über den »autoritären Charakter« beschrieben haben, ist sich darüber klar, daß jeder Herrschaft verschleierte sadomasochistische Befriedigungen zugrunde liegen, wenn sie dauerhaft sein soll. Dann verbindet sich die Lust am Befehlen mit der Lust, die Befehlshaber zu befriedigen und Gehorsam, Ordnung, Unterwerfung zu genießen. Das trifft nicht nur auf das Verhältnis von Mann und Frau zu, sondern bestimmt fast alle Beziehungsformen in einer autoritären Gesellschaftsstruktur. In ihr bilden autoritäre Herrschaft, Paranoia und Gewalt eine Trias.

6. Israelis und Deutsche – Eine Generation nach dem Völkermord

Seit 1967, dem Erscheinungsjahr des Buches »Die Unfähigkeit zu trauern«, hat sich das politische Bild Deutschlands und Israels in vielerlei Hinsicht verändert. Unsere These war damals, daß die kollektive Einstellung zur nationalsozialistischen Vergangenheit von Verdrängung, Verleugnung oder Schuldverschiebung gekennzeichnet war. Die Durcharbeitung der Gründe, die zum Nationalsozialismus und zur Beteiligung des einzelnen führten, wurde von den Betroffenen nicht geleistet. Wenn überhaupt Erinnerung, so bezog sie sich zumeist auf die Aufrechnung der eigenen gegen die Schuld der anderen. Die Jugend hat die Verdrängung der Vergangenheit weitgehend von ihren Eltern übernommen.
Wenn hier vom »Bewältigen« der Vergangenheit in der Gegenwart die Rede ist, dann ist damit eine Folge von Erkenntnisschritten gemeint, die aufgrund von Erinnerungen und gefühlsmäßigem Wiederholen und Durcharbeiten der Vergangenheit Aufklärung darüber verschafft, wie der Übergang vom Gestern ins Heute zustande gekommen ist und welchen Preis wir für den wirtschaftlichen Aufschwung unseres Landes gezahlt haben. Vom Volk der Herrenmenschen, das seine irrationalen Größenphantasien, seine Autoritätshörigkeit und den damit in Zusammenhang stehenden untergründigen Rivalen- und Vaterhaß verschob und auslebte, sind wir zum Volk der wirtschaftlich Erfolgreichen geworden, das nur noch ›Sachlichkeit‹ gelten lassen und das Phantasien und Utopien, vor allem aber mit Erinnerung ver-

bundenen Schuldgefühlen keinen Platz mehr einräumen will.

1979 ist an vier Abenden die amerikanische Fernsehserie »Holocaust« über die dritten Programme des Deutschen Fernsehens ausgestrahlt worden. In dieser Serie sollte am Schicksal einer jüdischen Familie der historisch bis heute beispiellose Völkermord unter der NS-Diktatur dargestellt werden. Diesem Versuch einer Vergangenheitsbewältigung sind zahlreiche andere vorausgegangen, ohne daß sich eine vergleichbare Wirkung hätte feststellen lassen. Die Holocaust-Serie bezeichneten viele als allzu persönlich, ja als kitschig oder sentimental. Es sei doch endlich an der Zeit, so hieß es, zu einer distanzierten, sachlichen Betrachtung der Hitlerzeit zu gelangen. Aber offenbar führte gerade die gefühlsmäßige Identifizierung mit den Juden in der Holocaust-Serie bei einer großen Zahl von Deutschen zu einer ersten intensiveren Auseinandersetzung mit den Verbrechen unter Hitler.

Der alte Ruf, man solle doch endlich aufhören, »in der Vergangenheit zu wühlen«, war damit freilich noch lange nicht verklungen. Nach der Holocaust-Serie wurde dann die Serie über die Flucht und Vertreibung der Deutschen am Ende des Krieges ausgestrahlt. Diese Sendung wurde *nicht* als »Wühlen in der Vergangenheit« aufgefaßt. Sie ließ sich ja zur Aufrechnung der eigenen Schuld gegen die der anderen benutzen. Die Diskussionsrunde nach Ende dieses Films wurde jedenfalls von Rechtfertigungsstrategen dominiert, welche die wirklichen Probleme der Nazi-Zeit und deren Folgen kaum ansprachen. Die einzige Diskutantin, die auf die Gefahr solcher Aufrechnungsmechanismen hinwies, wurde schnell zur unsachlichen Außenseiterin abgestempelt und kam kaum noch zu Wort. Aber gerade diese zwanghafte Suche nach anderen Schuldigen und die Abwehr der eigenen Schuld hindern uns an der Erforschung der Frage, wie Grausamkeit entsteht und wie man sie verhindern kann.

Auch wenn es anderswo in der Welt genug Grausamkeit gibt, so muß es bei uns darum gehen, daß wir uns der eigenen historischen Grausamkeit stellen, um uns und andere vor deren Wiederaufleben zu schützen.

Trauerarbeit bedeutet Auseinandersetzung mit der eigenen, gefühlsmäßigen Beteiligung an der Entmenschlichung der Juden und an der massenhaften Korrumpierung unseres Gewissens. Ohne die offene oder versteckte Billigung und Unterstützung der antisemitischen Greuelpropaganda wäre der Massenmord an den Juden nicht möglich gewesen. Als ein Beispiel für die Gefühle vieler junger Leute in der damaligen Zeit zitiere ich einige Sätze des DDR-Schriftstellers Franz Fühmann (1982) über seine Schulzeit im Dritten Reich. Die Passage berichtet über die »Kristallnacht«: »Wir haben plötzlich alle Knüppel, Glas regnet, knirscht unter meinen Stiefeln, ich sehe mein Gesicht in zersplitterten Spiegeln, neben ihm einen meiner Lehrer: erhitzt, erschöpft, einen Knüppel in Händen; und dann sehe ich den Juden. Ich begegnete ihm, als ich nach Hause ging, nachmittags, in einem Gäßchen am Wasser, in der Altstadt; ich kam in Stiefeln und Braunhemd heran, er drängte sich stumm an die schimmlige Mauer, ein alter Mann, im Kaftan, mit Peies, und ich ging lässig an ihm vorbei.« Dazu bemerkt Günther Blöcker (1982) »Auf wenigen Seiten macht Franz Fühmann anschaulich, was das schwerste Verbrechen des Nationalsozialismus war, nämlich das Untier, das in uns allen steckt, nicht nur freizulassen, sondern es in den Rang eines höheren Wesens hinaufpathetisiert zu haben.« Fühmann schließt seinen Beitrag: »Meine Schulzeit insgesamt ist eine gute Erziehung zu Auschwitz gewesen.«

Mit Hilfe der Dehumanisierung, vor allem der Juden, später auch der Polen und Russen, gelang es also, das Gewissen der Deutschen umzudrehen und Taten, die gestern noch als Verbrechen gegolten hätten, zum Ausdruck heroischer Gesinnung, zur Vollstreckung des »Willens der Vorsehung« umzuwerten.

Gitta Sereny (1979) beschreibt die Ich-Spaltung der Männer mit führenden Rollen in den Vernichtungslagern überaus deutlich. Der SS-Mann Gustav Münzberger reagiert auf die Frage nach seinen persönlichen Reaktionen auf die Menschenvernichtungen sehr erstaunt:

»Ob ich irgendwelche persönlichen Kontakte oder Beziehungen zu den Leuten in Treblinka hatte? ... Zu diesen Nackten? Wie könnte ich? Ach, so... Sie meinen die Arbeitsjuden? Nein, die hatten ja ihre Kapos, die haben sie organisiert... Wir brauchten gar nichts zu tun. Ja, wir mußten eben nur da sein. Das wars. Das war alles.« Der Sohn, nach seinem Vater befragt, erklärt: »Natürlich, er war schon immer ein sehr gründlicher Mensch... Ich kann mir schon vorstellen, daß er an Treblinka mit der gleichen Gründlichkeit herangegangen ist wie zu Hause an seine Tischlerei.«

Man hat eben nur seine Dienstvorschriften zu erfüllen, wo und wann auch immer. Nach dem Sinn des Tuns, nach Menschlichkeit wird nicht gefragt, ja, darüber wird – wenn es irgend geht – nicht einmal nachgedacht, es sei denn in den perversen Idealen und Klischees der Hitler-Ära.

Je starrer die Abwehrhaltung gegen die Durcharbeitung der Vergangenheit ist, um so leichter ist das auf Verleugnung aufgebaute neue deutsche Selbstwertgefühl zu erschüttern. Um Kritik auszuhalten, muß man sich mit seiner Vergangenheit, mit sich selber konfrontieren können.

Ende der sechziger Jahre sind wir mit dem Aufstand der Studenten, der sogenannten Studentenrevolte, konfrontiert worden. Die angeblich so schwer verständliche APO-Generation war sichtlich von einem Hunger nach Vorbildern getrieben. Sie wollte Väter, die bereit waren, nicht nur mit ihr über ihre politische Vergangenheit zu sprechen, sondern auch über die Fragen, welche Wertvorstellungen der heutigen Wohlstandsgesellschaft zugrunde liegen, mit wem und warum sie sich politisch identifizieren, wie sich die ältere Generation zu ihren Idealen und deren Abweichung von der Wirklichkeit verhält und ob sie überhaupt fähig ist, Tatsachen, wie sie sind, wahrzunehmen und sich ihnen zu stellen?

Die Auswirkung der »Grausamkeitsarbeit« auf die zweite Generation, auf die Kinder der Opfer, ist vielfach untersucht worden. Sie vergessen und verdrängen die Vergangenheit weniger als ihre deutschen Altersgenossen, sie leiden dafür oft unter tiefgehenden Ängsten und Verlorenheitsgefühlen.

Aber auch die Nachkommen der Täter und Mitläufer haben, wie wir wissen, erhebliche psychische Probleme. Die (positive) Identifikation mit den Eltern und das Selbstwertgefühl sind stark gestört; eine Verleugnung der Probleme, Gefühlskälte und Beziehungsabwehr ist bei ihnen häufig zu finden. Was nicht ausschließt, daß gleichzeitig eine tiefe unbewußte Identifikation mit der Elterngeneration besteht. Auch die Jüngeren sind oft weder bereit noch fähig, zwischen Ideal und Wirklichkeit zu unterscheiden. Idealisierung und Aggression sind auch bei ihnen eine unglückliche Verbindung eingegangen, auch sie wehren die untergründigen Depressionen oft mit Hilfe manischer Aktivität ab. Leider geschieht das hier ohne den inneren Appell zur Wiedergutmachung, der bei Gandhi eintrat, weil er sich seiner Schuldgefühle bewußt blieb und sie als Motor in seinem Kampf um mehr Menschlichkeit und Gerechtigkeit einsetzen konnte.

Ein intensives, aber auch unkritisches Bedürfnis nach Idealen und die damit verbundene Gefahr weiterer gefährlicher Idealisierungen sind bei einem Teil der jüngeren deutschen Generation nicht zu übersehen. Der Aufbau eines einigermaßen stabilen Selbstwertgefühls kann nur im Zusammenhang mit dem Abbau der beschriebenen Abwehrformationen gelingen. Wenn man sich unentwegt gegen die Wahrnehmung der inneren Denk- und Gefühlsvorgänge, gegen Erinnerungen wehren muß, können weder andersdenkende und andersfühlende Menschen noch Tatsachen und Verhältnisse in der äußeren Welt wirklich wahrgenommen und adäquat beurteilt werden. Wünsche und Bedürfnisse, die man nicht kennt, können nicht verwirklicht werden, noch kann man lernen, auf sie zu verzichten. Je rigider man sich selbst gegen die elementarsten Erkenntnisse und Gefühle wehren muß, auf um so tönernen Füßen steht die Selbstsicherheit. Dann wird es auch schwerfallen, dem eigenen Leben ein einigermaßen seinen inneren und äußeren Erkenntnissen entsprechendes Ziel zu setzen. Es kann sich manische Abwehr oder das Gefühl der Leere und Hoffnungslosigkeit ausbreiten.

Bis Ende der sechziger Jahre war Israel für viele in Deutschland ein Ideal, für das, beispielsweise im Kriege von 1967, junge Deutsche bereit waren, ihr Leben einzusetzen, sofern man es ihnen gestattet hätte. Im Laufe der Studentenrevolte änderte sich die Einstellung. Die »Linken« nahmen eine zunehmend anti-zionistische Haltung ein. Sie wurden deswegen von manchen Beobachtern, besonders von jüdischen, als antisemitisch bezeichnet, was meines Erachtens eine nur partiell zutreffende Be- und Verurteilung darstellte.

Als manche junge »Linke« sich auf die Seite der Palästinenser schlugen, war wieder einmal eine Schuldverschiebung möglich. Nicht mehr die Juden waren die Verfolgten, Erniedrigten, Vertriebenen, sondern die Palästinenser. Mit deren Schicksal aber hatten die Deutschen nichts zu tun. Die Deutschen waren jetzt die Guten, wenn sie sich für die Verfolgten einsetzten, die Israelis hingegen die Bösen, die Mörder. Die Massaker in Beirut wurden mit Völkermord und mit den Konzentrationslagern gleichgesetzt und Begin wurde zum neuen Hitler abgestempelt. »Wir, die jungen Deutschen, sind nicht mehr die Schuldigen, sondern verteidigten die Opfer.« So mag bewußt oder unbewußt mancher gedacht und empfunden haben. Daß man Begin nicht mit Hitler, die Ereignisse in Beirut nicht mit den Konzentrationslagern vergleichen kann, weiß jeder vernünftig denkende und geschichtsbewußte Mensch, aber sicherlich verlockte es gerade manchen Deutschen, Entlastung von eigener Schuld zu suchen, indem er diese ausgerechnet auf Juden abwälzen konnte. Immer wieder werden Auswege gesucht, um die Vergangenheit nicht ertragen zu müssen und Schuld erneut zu verschieben oder die historische Einmaligkeit des NS-Völkermords zu verleugnen, indem man sie als quasi »normale« Begleiterscheinung einer Revolution oder als Nachahmung Stalinscher Ausrottungsaktionen in den »Lauf der Geschichte« einzuordnen versucht, worum sich deutsche Historiker seit kurzem bemühen.

Wenn Idealisierungen aufgegeben werden, brechen die damit abgewehrten Aggressionen wieder durch. Die wenigsten konnten ertragen, in den Israelis Angehörige eines »normalen Volkes« zu sehen, das, wie bisher jeder Staat, der um seine Existenz kämpft, Kriege führt und damit auch Tote zu verantworten hat. Israel, das war anscheinend die einzige Alternative für die Deutschen, mußte entweder idealisiert oder verteufelt werden.

Haß ist eine spezifische Erscheinungsform von Aggression. Haß und Liebe können – ähnlich wie Aggression und Idealisierung – auf paradoxe Weise miteinander vermischt sein; Idealisierung von Menschen, Gruppen, dem »Vaterland« etc. braucht, damit sie nicht zusammenbricht, andere Menschen, Gruppen, Völker, die verteufelt werden, um dann, wenn möglich, mit »gutem Gewissen« verfolgt werden zu können. Es kann aber nicht nur geschehen, daß wir Verfolgern begeistert zustimmen, wenn sie ihre Opfer verfolgen, sondern daß wir uns unter Umständen auch dann mit ihnen identifizieren, wenn wir selbst zum Opfer der Verfolgung geworden sind. Der Sieger, der Gewalttätige, der Angreifer wird idealisiert, er wird zum Vorbild, und man übernimmt seine Wertvorstellungen, mögen sie auch gegen die eigene Person, das eigene Volk, die eigene unmittelbare Umwelt gerichtet sein. In der westlichen Welt wurde dieses Phänomen der »Identifizierung mit dem Aggressor« – ein Abwehrmechanismus – vornehmlich bei Minderheiten beobachtet und untersucht. In der UdSSR zeigte während der Epoche der Schauprozesse, wie auch in der späteren innerparteilichen Auseinandersetzung, das Verhalten vieler Angeklagter Züge solcher bewundernder Unterwerfung und »Identifizierung mit dem Aggressor«.

Dieses Erklärungsmodell für menschliche Verhaltensweisen wird oft leichtfertig auf die heutige Situation in Israel übertragen. Damit ist dann freilich nicht gemeint, daß Israel sich mit den Wert- und Unwertvorstellungen des Angreifers ihm gegenüber identifiziere, sondern daß sich die Israelis mit dem kriegs- und angriffslüsternen »Volk ohne Raum«-Deutschen unmittelbar identifiziert haben, sich also in ihren kriegerischen Auseinandersetzungen mit den zahlenmäßig weit überlegenen arabischen Ländern so verhalten wie die Nazis. Auch in den Gutachten von Überlebenden der Konzentrationslager werden manchmal psychologische Diagnosen gestellt, die an deren seelischer Situation völlig vorbeigehen und die unschwer als Abwehr gegen die Auseinandersetzung mit der eigenen Schuld und als fehlende Einfühlung in schier unerträgliches, von Menschen anderen Menschen zugefügtes Leid zu entlarven sind. Sogar Psychoanalytikern fällt es oft schwer, sich mit der psychischen Situation derart traumatisierter Menschen auseinanderzusetzen, ohne in ihren Erklärungsversuchen in psychologische Klischees zu verfallen.

Mögen nun, als Folge der Abwehr, bei manchen Deutschen sich aggressiv-antisemitische, bei anderen idealisierend-philosemitische Tendenzen durchsetzen, beides behindert, wenn es darum geht, traumatisierten Überlebenden der KZs zu helfen und sie zu verstehen. Beide Haltungen haben mit der eigenen Person, dem eigenen Abwehrsystem weit mehr zu tun als mit den jüdischen Mitmenschen. Die Idealisierung wie die Verteufelung von Juden und Israelis verhindern es, sie in ihrer seelischen und historischen Wirklichkeit wahrzunehmen.

Zur Veranschaulichung meiner Erfahrungen möchte ich einige Patienten vorstellen, die mir im Laufe meiner psychoanalytischen Praxis der letzten dreißig Jahre begegnet sind. Erinnere ich mich an die deutschen Patienten, mit denen ich es in den letzten Jahrzehnten zu tun hatte, so fällt auf, daß sie sich relativ wenig mit der Nazi-Vergangenheit beschäftigten, zumindest weit weniger als die jüdischen Patienten, die zu mir in Behandlung kamen. Bei denjenigen, die als Deutsche den Krieg und die Zeit davor und danach bewußt miterlebt hatten, war die Art der Auseinandersetzung mit Schuld und Scham, Anklage, Trauer zugleich intensiver als auch abwehrender als bei den während und nach dem Krieg geborenen Deutschen. Die Studentenrevolte brachte es zwar mit sich, daß viele sich erstmalig intensiver mit der Nazi-Ära beschäftigten, diesmal aber im Sinne der Anklage, der Aggression gegen ihre Väter, die den Krieg mitgemacht hatten, als im Sinne der Auseinandersetzung mit eigenen historischen Gefühlen von Haftung und Verantwortung. Der politisierte Generationskonflikt war geprägt von der Auseinandersetzung mit der NS-Ära, an deren Verbrechen sich die junge Generation unschuldig fühlte.

Für die jüdischen Patienten – ob alt oder jung – spielen die zwölf Jahre Nationalsozialismus bis heute eine zentrale Rolle. Entweder konnten sie sich von Angst, von Überlebensschuld oder verzehrendem Mitleid mit den Eltern und Verwandten, sei es, daß diese das KZ überlebt hatten oder darin umgekommen waren, nicht befreien und sich deswegen nur schwer im »normalen« Leben behaupten, oder aber ihre Aggressionen gegen die deutsche Umwelt drohten ihr Leben zu beherrschen. Sie fühlten sich auch mehr oder weniger »schuldig«, wenn sie ihr Leben hier einigermaßen zufriedenstellend einrichten konnten. Die Opfer – so zeigt sich immer wieder – leiden auch heute noch mehr als die Täter. Die meisten empfinden es als ihre moralische Pflicht, sich mit dem Völkermord immer wieder auseinanderzusetzen, damit nichts vergessen wird oder sich wiederholen kann. Ihrem persönlichen Streben nach Glück können sich dadurch immense Widerstände entgegenstellen.

Mit deutschen Therapeuten tun sich Juden oft schwer, nicht nur, weil Kenntnis und Einfühlung für die jüdische Situation vor und nach 1945 eingeschränkt sein können, sondern auch weil deren Schuldgefühle Juden gegenüber das unmittelbare Verstehen der Übertragungssituation und des Abwehrverhaltens stören oder agierend zu einem überfürsorglichen Verhalten führen. Außerdem machen Schuldgefühle bekanntlich sogar Analytiker aggressiv, und das ist bei diesen Patienten besonders verboten und ein weiterer Störfaktor also in den alltäglichen analytischen Auseinandersetzungen mit den individuellen neurotischen Problemen des jüdischen Patienten.

Mit den deutschen Patienten stellen sich die Probleme anders. Auch hier gibt es natürlich unterschiedliche Formen der Auseinandersetzung mit der Vergangenheit. Das können einige Auszüge aus Fallbeispielen deutscher Patienten, die schon in der »Unfähigkeit zu trauern« erwähnt wurden, veranschaulichen. Der eine Patient war Offizier im Zweiten Weltkrieg. In seiner Selbsteinschätzung und wohl auch in der Realität war er kein überzeugter Nazi gewesen. Nach und nach tauchten aber Erinnerungen auf, die ihn in Situationen zeigten, über die er sich heute schämte und die er wohl deswegen möglichst vergessen oder verdrängt hatte. Er gehörte den deutschen Besatzungstruppen in Holland an. Obwohl er sich sonst meist beherrscht verhielt, machte er seinen holländischen Verwandten in der Öffentlichkeit eine heftige Szene, als sie sich abfällig über Deutschland und den Nationalsozialismus äußerten. Eine zweite Erinnerung enthüllte, daß er für seine Offiziere in Polen die Wohnung einer jüdischen Familie requiriert hatte. Was mit diesen Leuten, die er nie gesehen hatte, geschehen ist, wußte er nicht. Bei der Durcharbeitung stellte sich heraus, daß er damals zwar von Deportationen gehört, aber es offenbar vermieden hatte, darüber Näheres in Erfahrung zu bringen. Gemessen an den Schrecken des nationalsozialistischen Eroberungskrieges und den Vernichtungslagern sind das fast harmlose Situationen. Der Patient kann als durchschnittlicher Offizier der damaligen deutschen Armee gelten. Tausende und Abertausende von Requirierungen werden sich in der gleichen einfühlungslosen Art abgespielt haben, obgleich alle Vollstrecker solcher Maßnahmen wußten, daß es um mehr ging als um den »Auszug« einer jüdischen Familie. Es ist daher auch nicht verwunderlich, daß im Gegensatz zu vielen lebhaften Erinnerungen aus der Kriegszeit die beiden erwähnten Episoden blaß und dem Patienten fremd blieben. So war er nicht und so wollte er auch nicht sein. Der Analytiker sollte ihn gefälligst in Ruhe lassen mit derlei unangenehmen Reminiszenzen. Sie wurden dann auch bald wieder vergessen. In der Behandlung gelang es nicht, dem Patienten die Tatsache, daß er sich affektlos, wie nebenbei, erinnerte, als Abwehrleistung deutlich zu machen. Bei der sonstigen Sensibilität des Patienten war dies auffallend. Die Behandlung wurde mit einem Mal nicht mehr von dem individuellen Widerstand des Kranken gegen das Auftauchen von Unlustgefühlen gestört, sondern durch einen kollektiv gebilligten Widerstand, als deren Teilnehmer er sich empfinden konnte. Er entzog dem Erlebnis aus einer Zeit, zu der seine gesamte Umgebung inneren Abstand hielt, die libidinöse Besetzung. Die Art, wie der Patient peinlichen Erinnerungen die Besetzungsenergie entzog, so daß sie ihre Wirklichkeit verloren und seiner Verfügung fast völlig entglitten, erscheint exemplarisch und entspricht ähnlichen Verhaltensweisen bei vielen anderen Patienten. Bis heute hat sich das bei der Generation, die den Krieg mitgemacht hat, kaum geändert, eher noch verstärkt.

Ein anderer Patient gehörte zu den wenigen, die ihre Übereinstimmung mit der weiterhin idealisierten nationalsozialistischen Lehre nicht leugneten. Außerdem glaubte er, daß sein Gehorsam ihn entschuldigte. Dazu kam die übliche Aufrechnung mit den Vergehen der »Feinde«. Nach Kriegsende wurde er für zwei Jahre interniert, weil er der Polizei und der SS angehört hatte. Kein Anzeichen ließ erkennen, daß es ihm je in den Sinn gekommen wäre, sich einem Dienstbefehl zu widersetzen. Im Umgang gibt sich der Patient betont männlich, unzugänglich, hart.

Bei näherer Prüfung stellte sich heraus, daß der Patient mit seinem verstorbenen Vater in einem sadomasochistischen Verhältnis gelebt und bis in die Gegenwart die Abhängigkeit von seiner noch lebenden Mutter nicht zu lösen vermocht hatte. Auch Mutter und Sohn sind in einem wechselseitigen Quälverhältnis verstrickt. Nicht viel anders ist die Beziehung zu seiner Frau. Der Patient, der sich auf therapeutische Gespräche nur einließ, weil ihm sein Arzt dringend dazu geraten hatte, ist in der Tat ein Extremfall, aber gerade darum läßt er allgemeinere Eigenheiten deutlicher erkennen. Er ist ein Menschentypus von aggressiver Unterwürfigkeit, der unserer nationalen Kultur nicht fremd ist. Aus der Art seiner Objektbeziehungen heraus erscheint es nur konsequent, wenn er sich nach sieben Dienstjahren bei der SS – zuletzt in der »Bandenbekämpfung« – dem Therapeuten als »Opfer« darstellt. Er ist ungerecht behandelt worden; was von deutscher Seite an Untaten und Zerstörung geschah, ist in seiner Vorstellung nur die notwendige Konsequenz des viel schrecklicheren Unrechts, das dem deutschen Volk zugefügt worden ist. Sein ganzes Verhalten ist von Abwehr und Verleugnung geprägt. Die Schuldaufrechnung benutzt er ohne jede Realitätseinsicht. Er verkörpert den Geist der NS-Zeit mit seinem primitiven Männlichkeitswahn, seinem Rassismus, seiner Forderung nach »Härte« in recht typischer Weise.

Auch ein dritter Patient, der den Krieg als Erwachsener miterlebt hatte, fühlt sich als unschuldiges Opfer. Im Dritten Reich hat er einige nicht allzu bedrohliche Schwierigkeiten gehabt. Außer der Jugendorganisation, der sein Jahrgang beitreten mußte, hatte er keiner anderen Nazi-Institution angehört. In der Analyse verbringt er viel Zeit damit, seinen Haß gegen die Deutschen zu äußern, die ihn um seinen Wert als Mitglied dieses Volkes gebracht hätten. Außerdem hätte er durch ihr wahnwitziges Verhalten Heimat und Besitz verloren. Er redet viel von den Opfern dieser Zeit, aber eigentlich mehr im Sinne des ihm durch die von Deutschen begangenen Taten zugefügten Unrechts. Eigentlich möchte der Patient als ein bemitleidenswertes Opfer der Nazis anerkannt werden. Die gelegentlichen melancholischen Verstimmungen, von denen er berichtet, sind eine Mischung aus übertriebener Selbstanklage, untergründiger Anklage gegen andere und einem Gefühl der Wertlosigkeit, das ihn aggressiv macht. Der narzißtische, selbstbemitleidende Anteil seiner Trauer, die sich als Wut entpuppt, ist stärker als der Schmerz um die Toten und Opfer, denen er es fast übelnimmt, daß sie schwerer getroffen waren als er selbst. Auch im Leiden will er der Größte sein. Seine melancholischen Verstimmungen, in denen die Selbstanklage unschwer als Anklage gegen die anderen zu erkennen ist, sind verbunden mit Größenphantasien, von denen er insgeheim glaubt, daß sie nur deswegen nicht erfüllt wurden und werden, weil er als Deutscher durch die Schuld der Nazis keine Anerkennung mehr findet. Größenphantasien versperren den erkennenden Zugang zur inneren und äußeren Realität eines Menschen. Über Verluste, die man verleugnet, kann nicht getrauert werden. Erst mit der Erinnerungsarbeit, die das Trauern begleitet, verbinden sich Lernprozesse des Abschiednehmens von Idealen und Idealisierungen von Menschen, Ideologien, Völkern, Rassen, aber eben auch der eigenen Person.

In den Analysen der letzten zehn bis fünfzehn Jahre spielt bei meinen deutschen Patienten die Nazi-Ära als geschichtliche Periode, die es zu verteidigen gilt, nur noch ein geringe Rolle. Erinnerungen daran sind unangenehm und peinlich und werden möglichst vermieden, es sei denn, sie können als Anklage anderer Menschen dienen. Gleichzeitig zeigt der Verlauf der Analyse, wie bestimmend nach wie vor die untergründige Identifikation mit den Problemen der Elterngeneration für den analytischen Prozeß, den eigenen Selbstwert ist.

Um wiedergutzumachen, was ihre Eltern versäumt haben, träumen viele junge Menschen von der Möglichkeit, Widerstand zu leisten, schrecken aber vor dem Gedanken zurück, daß im Widerstand – auch gegen Terror, Diktatur und Unterdrückung – Situationen entstehen können, in denen man erneut Schuld auf sich lädt.

Auch unter diesem Aspekt ist die psychische Verarbeitung der Kämpfe und Auseinandersetzungen Israels mit den arabischen Ländern zu sehen. Wenn Israel im Kampf um seine Existenz, in seinen kriegerischen Auseinandersetzungen Schuld auf sich lädt, werden junge Deutsche dadurch unschuldiger? Eine merkwürdig unlogische und geschichtslose Art des Denkens, aber sie existiert. Vergessen wird dabei

nur zu gern – weil es den Mechanismus der Schuldverteilung und der Schuldvergleiche stört –, daß seit Existenz des Staates Israel die arabischen Nachbarstaaten drohten, die Juden ins Meer zu werfen und den Staat Israel zu zerstören. Und das waren, wie wir seit vierzig Jahren sehen konnten, keine leeren Drohungen. Auch in der Bundesrepublik fühlen sich heute Juden existentiell bedroht, weil es in der Tat wieder einen Antisemitismus von rechts wie auch von links gibt.
Ohne Einfühlung in die Situation der Juden ist auch die gelegentlich geäußerte Forderung, man habe genug von der Besonderheit der Beziehung zwischen Deutschen und Juden, sie müsse sich endlich normalisieren und werden wie andere auch. Dazu Hans Mayer (1985):
»Ausgerechnet vor den Folgen einer deklarierten und praktizierten Ungleichheit sollte man plötzlich wieder sich einschwören können auf das Gleichheitsgebot der europäischen Aufklärung? ... Von den Deutschen und ihren Juden sprechen heißt aber nicht allein, daß man die sogenannte deutsch-jüdische Symbiose als einen Geschichtsvorgang interpretiert, der von der deutschen Seite, wie es in der Tat geschehen ist, aufgekündigt wurde: in einer bis heute in allen Untaten unserer Gegenwart beispiellos gebliebenen Weise. Es heißt zugleich, daß man auch die *Etappen einer Aufkündigung von jüdischer Seite* einbezieht. Dann erst wird sichtbar, daß alles heutige Katastrophengeschehen nach wie vor verbunden bleibt jener Katastrophe der deutschen Judenheit. Die Wunde schließt sich nicht.«

7. Im Schatten der Verdrängung

Es gibt eine scheinbar objektive Methode, den Nationalsozialismus zu bewältigen, kühl und möglichst teilnahmslos. Aber gerade die scheinbare Neutralität, in der Gefühle nicht mit einbezogen werden, geht an den Ereignissen des Dritten Reiches vorbei, die weitgehend von irrationalen Emotionen gesteuert waren. Über lange Zeit lehnte man es in Deutschland überhaupt ab, »in der Vergangenheit zu wühlen«. Diejenigen, die sich mit der Schuld aus der nationalsozialistischen Ära befaßten, wurden als »Sühnedeutsche« diffamiert.

Das hat sich in letzter Zeit geändert. Die sogenannte Hitler-Welle überschwemmte Deutschland. Zahlreiche Bücher und Filme über Hitler sind erschienen. Sie hinterließen nicht selten den Eindruck, als ginge es jetzt vor allem darum, die eigene gefühlsmäßige Beteiligung an der Machtergreifung Hitlers und dem, was unter ihm geschehen war, in den Hintergrund zu rücken und diesen Geschehnissen gegenüber eine »sachliche« Einstellung zu gewinnen. Man sollte doch endlich, so hieß es, auch in Deutschland zu einer distanzierten historischen Betrachtung der Hitler-Zeit fähig sein.

In Tat und Wahrheit stand man aber hierzulande den meisten dieser Filme und Bücher recht hilflos gegenüber, denn die nationalsozialistische Vergangenheit liegt nach wie vor wie Meltau auf diesem Lande. Es kann meines Erachtens keine Rede davon sein, daß sie wirklich »bewältigt« worden ist, sofern millionenfacher Mord denn überhaupt zu bewältigen ist. Man sollte daher nicht für Sachlichkeit – im Sinne der Gefühlsdistanzierung – plädieren, sondern dafür, daß die seelische und politisch-historische Auseinandersetzung mit dem, was unter Hitler geschah, weitergeht oder erst wirklich beginnt. Eine sogenannte Versachlichung der Vergangenheit kann zu einer erneuten Verdrängung unserer gefühlsmäßigen Beteiligung an ihr führen.

Um die Fähigkeit zu trauern auszubilden, ist eine besondere Art der *Erinnerungsarbeit* notwendig, die eine Wiederbelebung unserer damaligen Verhaltensweisen, Gefühle und Phantasien erfordert. Die historische und psychologische Beschäftigung mit der Person Hitlers, mit seinen Kindheits- und Jugendträumen, mit seiner »Karriere«, so wichtig solche Untersuchungen sind, scheint mir in diesem Zusammenhang von geringerer Bedeutung zu sein als die Erforschung der eigenen Vergangenheit. Es gilt herauszufinden, warum Hitler einen so unglaublichen Einfluß auf uns, die meisten Deutschen, auszuüben und unser Gewissen mit seinen falschen Idealen zu pervertieren vermochte.

Seit Erscheinen des Buches »Die Unfähigkeit zu trauern« hat sich manches im politischen Bild Deutschlands geändert. Ob die kollektive Einstellung zum unbewältigten Kern unserer Vergangenheit von diesem Wandel mitbetroffen ist, muß allerdings bezweifelt werden, denn die Durcharbeitung dessen, was zum Nationalsozialismus geführt hat – die Beteiligung des einzelnen daran, seine seelisch-geistigen Identifikationen mit dieser Zeit – ist noch nicht geleistet worden.

Auch die heute Zwanzigjährigen, denen die Eltern ihre Abwehr der Vergangenheit weitergegeben haben, leben immer noch im Schatten der Verleugnung und Verdrängung von Ereignissen, die wir durch Vergessen nicht ungeschehen machen können.

Trauer ist ein seelischer Vorgang, in dem ein Individuum einen Verlust mit Hilfe eines wiederholten schmerzlichen Erinnerungsprozesses langsam zu ertragen und durchzuarbeiten lernt, um danach zu einer Wiederaufnahme lebendiger Beziehungen zu den Menschen und Dingen seiner Umgebung fähig zu werden. Trauerarbeit zu leisten, ist mühsam und erfordert eine Beschäftigung mit sich selbst, eine zeitweilige innere Einsamkeit, die für manche nur schwer durchzustehen ist. Aber indem man sich den lähmenden und oft verzweifelten Trauergefühlen aussetzt, vermeidet man die weit gefährlichere Lähmung, die durch nicht verarbeitete Trauer entsteht.

Zwischen der Abspaltung der Gefühlsbeteiligung von den Erinnerungen der Vergangenheit und dem sozialen und geistigen Immobilismus in unserem Lande besteht ein Zusammenhang – das war unsere These in dem genannten Buch. Die Bundesrepublik wurde eine auf Konsum konzentrierte Industrienation, die mit der gefühlsmäßigen Verleugnung ihrer nationalsozialistischen Vergangenheit auch die Beziehung zu Traditionen, Werten und dem kulturellen Reichtum des alten Deutschlands mehr oder weniger verloren hat. Um keine Mißverständnisse aufkommen zu lassen: Es geht hier nicht um die nostalgische Rückwendung zu verlorenen Zeiten, sondern um eine lebendige und kritische Auseinandersetzung mit ihnen. Es ist bekannt, daß die falschen und pervertierten Ideale der Hitler-Zeit oftmals auf wohlangesehenen Traditionen, Idealen und typischen Verhaltensweisen jener autoritätsgläubigen Deutschen beruhten, für die das Gehorsamsideal zur zweiten Natur geworden war. Je stärker der Zwang zu Gehorsam, um so heftiger ist aber die untergründige Aggression, die durch Strafangst und mit Hilfe von Idealisierungen der Autorität mühsam abgewehrt wird. Das ist einer der Gründe, warum sich die Verbindung von Idealisierung und Aggression als besonders haltbar erwiesen hat, eine Verbindung, die im übrigen Humor und Selbstironie ausschließt.

Die Abwehr der Vergangenheit hindert uns sowohl daran,

die falschen von den erinnerungswürdigen Werten und Idealen unterscheiden zu lernen, als auch ihren Zusammenhang mit der Gegenwart deutlich erkennen zu können.
Die Alternative zur Durcharbeitung der Vergangenheit ist Verjährung ohne Trauerarbeit. Man wartet darauf, daß die Täter, Mittäter und Mitläufer sterben. Vor geraumer Zeit ist die juristische Verjährung von Morden und Verbrechen aus der Zeit des Nationalsozialismus erneut diskutiert worden. Weder in England noch in Italien oder in den Vereinigten Staaten gibt es eine Verjährung für Mord. Wie und in welcher Form ein Mörder bestraft werden soll und kann, ist ein Problem für sich. Das hängt vor allem von seinen Motiven, seiner Schuldfähigkeit ab, steht aber mit dem Problem der Verjährung in keinem direkten Zusammenhang. Ich erwähne das, weil nicht selten Verjährung als Verzeihung oder Gnade-vor-Recht-Stellen mißverstanden wurde.
Man kann zudem die Verbrechen unter Hitler mit individuellem Mord nicht gleichsetzen. Bei ihnen haben wir es mit Massenuntaten unvorstellbaren Ausmaßes und unvorstellbarer Grausamkeit zu tun. Eine Verjährung kann für ein solches Geschehen meines Erachtens gar nicht in Frage kommen – schon gar nicht, solange die Opfer oder die Kinder der Opfer noch leben.
Die Auswirkung der Folterungen, Erniedrigungen und Morde auf die zweite Generation, auf die Kinder der Opfer, ist mehrfach untersucht worden. Bei vielen von ihnen wurden tiefgehende psychische Schädigungen festgestellt. Auch die Nachkommen der Täter und Mitläufer haben, wie wir wissen, erhebliche psychische Probleme. Die positive Identifikation mit den Eltern und das Selbstwertgefühl sind bei vielen von ihnen gestört; eine Verleugnung der Vergangenheit und der damit verbundenen seelischen Probleme führt oft zu einer völligen Abwehr von Gefühlen und Beziehungen zu den Eltern.

Die deutschen Terroristen und Terroristinnen sind gelegentlich als »Hitlers Kinder« bezeichnet worden. So einfach stellt sich das Problem wahrscheinlich nicht, aber etwas Wahres ist doch an der Bezeichnung. Denn das Defizit an tradierten und das gleichzeitige Bedürfnis nach neuen Idealen und die damit verbundene Gefahr weiterer unglücklicher Idealisierungen sind in der Jugend der Bundesrepublik unübersehbar. Der Aufbau eines Selbstwertgefühls ist weitgehend vom Erwerb von Idealen und der Möglichkeit ihrer Verwirklichung abhängig. Um das vitale Bedürfnis nach Vorbildern zu befriedigen, werden oft Führer und Ideale zweifelhafter Art gesucht, deren Ziele nicht in Frage gestellt und deswegen rücksichtslos verfolgt werden. Wenn man sich mit Hilfe eines autoritären Führers und der fest definierten Ideale und Ziele einer Gruppe zugehörig fühlen kann, läßt sich das ursprüngliche Selbstachtungsdefizit durch gegenseitige Idealisierung weitgehend ausgleichen. Man zahlt dafür mit erheblichen Denkeinschränkungen und oft mit Gewissensverdrehungen. Abweichungen von den in der Gruppe herrschenden Meinungen und Idealen werden nicht geduldet oder sogar grausam bestraft. Das haben wir unter Hitler, in verwandelter Form aber auch bei den Terroristen und Terroristinnen oder bei manchen derzeitigen Sektenbildungen erfahren, in denen die Jugend jenen unbedingten Glauben, jene Idealität findet, die sie bei ihren Eltern und im Alltag der Bundesrepublik vergeblich sucht.
Idealismus, Idealisierung und Utopien können verschiedenen – negativen wie positiven – Zwecken dienen. Im Namen von Idealen können, wie wir es im »Dritten Reich« erlebten, unvorstellbare Grausamkeiten begangen werden. Utopien und Illusionen verbinden sich allzugern mit Selbsttäuschungen und Realitätsverkennungen. Dennoch wäre es verhängnisvoll, aufgrund solcher schlechter Erfahrungen auf die seelischen und kulturellen Möglichkeiten zu verzichten, die

in den Phantasien, Idealen und Utopien der Geschichte und im Leben des einzelnen (insbesondere in der Entwicklung der Jugendlichen) enthalten sind. Diese Gefahr besteht aber, wenn mit der gefühlsmäßigen Abwehr der jüngsten Vergangenheit zum Beispiel auch die auf Phantasie und Innerlichkeit beruhenden deutschen Traditionen vergessen und verdrängt werden.

Die meisten Menschen unseres Landes sind gegenwärtig vorwiegend an Technik und Wirtschaft und der davon abhängigen ökonomischen Sicherheit interessiert. Das kann man gewiß niemandem zum Vorwurf machen, schon gar nicht in einer Zeit, in der die Arbeitslosigkeit zunimmt und in der sich die Chancen einer gesicherten Zukunft für alle jungen Menschen verschlechtern. Wer in der Wirtschaft Erfolg hat, ist sich seiner politischen und gesellschaftlichen Karriere sicher. Die wenigsten verlangt es dann danach, sich mit den Manipulationen auseinanderzusetzen, denen ihre Wertvorstellungen in einer solchen Karriere dauernd unterworfen werden. Aber sie spüren dennoch, daß Wohlstand mit Glück oder innerer Zufriedenheit offenbar nicht so einfach gleichzusetzen ist.

In letzter Zeit war häufig von der Neid-Theorie die Rede. Das Ausland – so heißt es – halte der Bundesrepublik (viel mehr als der DDR und Österreich) ihre nationalsozialistische Vergangenheit vor, weil es auf den wirtschaftlichen Erfolg der Bundesrepublik neidisch und eifersüchtig sei. Daß viele Menschen den Erfolgreichen gegenüber Neid und Eifersucht empfinden, ist klar. Wenn aber diese Neid-Theorie von uns Deutschen dazu verwendet wird, eigene Schuld- oder Schamgefühle zu verdrängen und die Erinnerung an die Vergangenheit abzublocken, dann haben wir es nur mit einer neuen Rationalisierung für die Unfähigkeit zu trauern zu tun. Es sieht so aus, als ob dieser Reichtum uns vor dem Nachfragen nach seinen Ursprüngen, als ob unser gegenwärtiger Wohlstand uns vor der Besinnung auf unsere vergangenen Verbrechen in Schutz nehme. Dabei ist der ökonomische Stolz der Bundesdeutschen nur zu eindeutig ein – wenn auch verkrüppeltes – Erbe des NS-Nationalstolzes von ehemals, und das Ausland reagiert auf diesen Stolz und nicht auf den ihm u. a. zugrunde liegenden Reichtum, den wir so ungern teilen (siehe die bundesdeutsche Reaktion auf die Asylanten aus den armen Ländern der Dritten Welt). Nicht *daß* wir Mercedes fahren, sondern *wie* wir Mercedes fahren, nimmt man uns übel. Der »deutsche Herrenmensch« gerät so leicht nicht in Vergessenheit.

Statt einer politischen und geistigen Durcharbeitung der Vergangenheit und der Suche nach neuen Ideen, Idealen, Konzepten vollzog sich bekanntlich eine explosive Entwicklung der bundesrepublikanischen Wirtschaft. Der »Lohn« für diese Expansion, mithin das indirekte Ergebnis jener nationalen Beschäftigungstherapie des Wiederaufbaus, ist der sogenannte »Reichtum« der Bundesrepublik. Eben dieser »Reichtum« soll nun – so argumentieren die Vertreter der Neid-Theorie – als Erklärung herhalten, wenn im Ausland kritische Stimmen gegen die Bundesrepublik laut werden.

Wenn hier vom »Bewältigen« der Vergangenheit in der Gegenwart die Rede ist, dann ist damit eine Folge von Erkenntnisschritten gemeint, die aufgrund von Erinnern, gefühlsmäßigem Wiederholen und Durcharbeiten dieser Vergangenheit Aufklärung darüber schafft, wie der Sprung vom Gestern ins Heute zustande gekommen ist und welchen Preis wir für den wirtschaftlichen Aufschwung unseres Landes gezahlt haben. Vom Volk der Auserwählten, das seine irrationalen Größenphantasien und seine Autoritätshörigkeit auslebte und seinen untergründigen Rivalitäts- und Vaterhaß auf Feinde und »rassisch Minderwertige« verschob, sind wir zum Volk der wirtschaftlich Erfolgreichen geworden, das nur noch Fakten gelten lassen will und in dem Phantasien und Utopien, aber auch Schuldgefühle keinen Platz mehr haben sollen. Nicht zuletzt wird auch die Tatsache des Elends in der »Dritten Welt«, von deren billigen Arbeitskräften und Rohstoffen unser Wohlstand weitgehend abhängt, möglichst verdrängt.

Ich möchte noch einmal die These der »Unfähigkeit zu trauern« wiederholen. Ohne Erinnerung an unsere damaligen seelischen Erlebnisweisen und ohne immer erneutes Durcharbeiten unseres Verhaltens können wir nicht trauern. Um nach dem Untergang des Hitler-Reiches die damit verbundenen Gefühle der Angst, Schuld und Scham oder auch der Haftung zu vermeiden, wurden Abwehrvorgänge wie Verdrängung, Verleugnung, Projektion (»Nicht die anderen, sondern wir waren die unschuldigen Opfer«) mobilisiert.

Mit Hilfe der Dehumanisierung vor allem der Juden, später auch der Polen und Russen, gelang es im Dritten Reich, das Gewissen der Deutschen umzudrehen. Bedenkenlos oder schweigend sahen wir dem Grauenvollen zu oder nahmen daran teil. Die Verantwortung für den Mord an Millionen schutzlos Verfolgter läßt sich nicht, wie das nach dem Kriege geschah, auf Vorgesetzte, schließlich auf den Führer selbst verschieben. Daß es dazu kommen konnte, ist das Resultat aus sehr vielen schuldhaften Entscheidungen, Verhaltensweisen und Handlungen einzelner. Auch das Schweigen der Kirche, vieler Katholiken und Protestanten trug wesentlich dazu bei. Ohne die Teilnahme und Zustimmung oder das Schweigen der Bevölkerung zur Diffamierung und Erniedrigung der Juden wäre der schließlich in Taten umgesetzte Massenmord nicht möglich gewesen.

Nahum Goldmann sagte einmal: »Niemand von uns hat jemals daran gedacht, Vergebung zu gewähren« (zit. nach B. Heinrich, 1982). Natürlich kann keinem Menschen vergeben werden, der sich an so unvorstellbar grausamen Taten beteiligt hat, wie sie im Zeichen der »Endlösung« begangen

worden sind. Dafür kann es auch meines Erachtens keine Verjährung geben. Etwas anderes ist es, ein ganzes Volk für alle Zeiten zu verurteilen. Um das zu vermeiden, gilt es, und zwar von seiten dieses Volkes selbst, die Motive zu untersuchen, die dazu führten, daß es so unbedenklich an den Herrschaftsansprüchen Hitlers, an seinem grausamen Rassismus und der Verdrehung des Gewissens teilnahm. Nur so wird sich einmal die Fähigkeit zur Trauer, eine klare Wahrnehmung unserer direkten und indirekten Beteiligung an diesem Abschnitt unserer Geschichte einstellen können. Da aber die Verleugnungsarbeit sich nicht nur auf Schuldgefühle selbst, sondern auf jegliche Anlässe für Schuld, Scham und Trauer erstreckt, muß man damit rechnen, daß diese Abwehrhaltung mit der ihr eigenen Lernunfähigkeit von einer Generation an die nächste weitergegeben wird.
Um Hitler, den von der Masse der Deutschen geliebten Führer, wurde bekanntlich nur von wenigen getrauert. Mit Hilfe der Projektion »Er war an allem schuld« gelang der Mehrheit sehr schnell der Rückzug aus der bisherigen starken Idealisierung. Ein Anlaß zur Trauer seiner Gefolgsleute wäre nicht nur der Tod Hitlers als realer Person gewesen, sondern vor allem der Verlust dessen, was er präsentierte: das kollektive Ich-Ideal. Hitlers Tod, seine Niederlage und seine Entwertung durch die Sieger bedeuteten den Verlust eines narzißtischen Selbst-Objekts. Der Vermeidung dieses Traumas diente die Entwirklichung und Verleugnung des Hitler-Reiches nach 1945. Die siegreichen Gegner konnten ohne Entwertungsgefühle um die Opfer dieses Krieges trauern, die Deutschen dagegen waren zentral in ihrem Selbstwert getroffen und wehrten mit aller Kraft das Erlebnis einer melancholischen oder depressiven Verarmung des Selbst und den damit verbundenen seelischen Zusammenbruch ab.
So gesehen werden auch die Beobachtungen Hannah

Arendts von 1950 verstehbar. Denn zwischen Trauer und Melancholie besteht ein wesentlicher Unterschied: In der Trauer um ein geliebtes Wesen fühle ich mich zunächst verarmt, aber nicht meines Selbstwertes beraubt. Das aber ist die Erfahrung des Melancholikers. Die Abwehr kollektiv entstandener Schuld und der damit verbundenen Gewissensqualen oder der Melancholie wird unterstützt, wenn sie wiederum im Kollektiv geschehen kann.

Die Manie des Wiederaufbaus konserviert aber die Melancholie, da sie nur ihr Spiegelbild, nicht aber ihre Überwindung ist. Solange wir jedoch die direkte oder indirekte Beteiligung an den Massenverbrechen nicht wirklich zur Kenntnis nehmen wollen, wirkt sich das nicht nur auf unser geistiges und seelisches Erleben aus, sondern verhindert *auch* eine emotionell getragene Aussöhnung mit unseren ehemaligen Gegnern. Daher hilft es nichts, wenn uns politische und militärische Bündnisse und Handelsbeziehungen mit ihnen verbinden.

Die in Deutschland so gern als Ausrede ins Spiel gebrachte Neid-Theorie kann für deren leicht wieder erweckbare negative Gefühle deswegen einer solchen tiefergehenden Aussöhnung nur im Wege stehen. Die Deutschen werden, ob sie wollen oder nicht, nach wie vor vom Ausland als Erben ihrer Vergangenheit gesehen. In unserer Neigung, einen globalen Rückzug aus der eigenen Vergangenheit anzutreten, werden wir also bis heute im wesentlichen vom Ausland oder von binnenländischen Außenseitern gestört.

Nach dem Kriege richteten wir unser schwer gestörtes Selbstwertgefühl wieder auf, indem wir uns mit den idealisierten politischen Vormündern in Ost und West in oft übertriebener Weise identifizierten. Die Überangepaßtheit und scheinbare politische Apathie der Jugendlichen in den fünfziger Jahren läßt sich wohl nicht nur als Folge des überwältigenden Verlusts ideeller Werte und der gleichzeitigen Verleugnungsarbeit diesem Verlust gegenüber verstehen, sie war auch Ausdruck der neu vorgenommenen Idealisierungen der Westmächte und des Glaubens an die Verwirklichung demokratischer und sozialer Ideale durch sie. Erst der Vietnam-Krieg, dessen Problematik die ältere Generation nicht wahrzunehmen bereit war, ließ die Diskrepanz zwischen Ideal und Wirklichkeit unübersehbar werden. Das führte im Laufe der sechziger Jahre zu einer Politisierung der Jugend mit zunehmend kritischer Einstellung zu den bisher idealisierten politischen Vorgängen im eigenen Land und in der westlichen Welt. Es kam dabei zu schwierigen und oft tiefgreifenden Auseinandersetzungen mit großen Teilen der älteren Generation, die sich dadurch in ihrem mühsam wiederaufgebauten Selbstwertgefühl zentral angegriffen fühlte.

Je starrer die Abwehrhaltung gegen die Durcharbeitung der Vergangenheit ist, um so leichter ist dann das auf Verleugnung aufgebaute neue Selbstwertgefühl zu lädieren. Um Kritik auszuhalten, muß die Selbstachtung eines Menschen einigermaßen gut fundiert sein.

Ist nun seither in der Bundesrepublik die Toleranz gewachsen, abweichende Meinungen zu ertragen, insbesondere solche, welche die gängigen Wertvorstellungen und das Selbstbild der Deutschen in Frage stellen? Die allgemeine Reaktion auf das Bekanntwerden der Massenmorde in den Konzentrationslagern war, wie wir wissen, schwach und von Abwehr bestimmt. Bis heute interessieren sich nur wenige für die Prozesse, die sich mit den an Morden Beteiligten befassen. Am Majdanek-Prozeß in Düsseldorf, einem der größten NS-Prozesse, beteiligte sich die Öffentlichkeit kaum, die meisten Deutschen wissen gar nicht, daß er überhaupt stattfand. Von den Deutschen, die an den Verbrechen des Nationalsozialismus beteiligt waren, ist, seit es NS-Prozesse gibt, prozentual nur eine sehr geringe Anzahl – und nur wenige davon zu längeren Gefängnisstrafen – verurteilt worden.

Die Aktionen der Terroristen und Terroristinnen hingegen rufen in Deutschland eine ganz andere Reaktion hervor. In solchen Fällen wird von der bundesdeutschen Mehrheit uneingeschränkte Verfolgung und Verurteilung jedes einzelnen mit aller Härte gefordert. Die deutsche Öffentlichkeit beteiligte sich mit starkem Affekt an der Verfolgung und Verurteilung der Terroristen. Deren sinnlose und grausamen Morde sollen hier gewiß nicht verharmlost werden. Doch verglichen mit den schwachen Reaktionen auf die Nazi-Massenmorde scheinen die oft an Hysterie grenzenden Reaktionen auf die Handlungen einiger weniger ins Abseits geratener Aktivisten denkbar unangemessen. Sie genügten, um wichtige Grundrechte der Demokratie, darunter Meinungs- und Gedankenfreiheit, erneut heftigen Angriffen auszusetzen. Wer nur zu verstehen oder zu erklären versuchte, was die Terroristen zu ihren unsinnigen Taten trieb, galt als verfolgungswürdiger »Sympathisant«, und mancher, der die bestehenden Wertvorstellungen und die ihnen entsprechenden politischen Handlungsweisen einer Kritik zu unterziehen wagte, wurde damit bereits als geistiger Urheber der »Terrorszene« angesehen.

Der psychische Immobilismus als Folge der Unfähigkeit zu trauern offenbart sich bis heute vor allem darin, daß die meisten Deutschen nicht gewillt sind, das Auseinanderfallen von Ideal und Wirklichkeit im eigenen Land auch nur wahrzunehmen. Entsprechend sehen manche denjenigen, der sie darauf aufmerksam macht, als einen Feind an, den es von der Gesellschaft auszuschließen gilt. Diese Unfähigkeit, Kritik zu ertragen, hängt natürlich mit der Labilität des Selbstwertgefühls der Deutschen eng zusammen.

Die Möglichkeit eines kreativen geistigen Neubeginns, der an geschichtliche und kulturelle Erfahrungen und Traditionen sowohl anzuknüpfen als auch kritisch damit umzugehen vermag, wird also mit davon abhängig sein, ob eine gefühlsmäßige Auseinandersetzung mit der Vergangenheit zustande kommen kann. Die Abwehr dagegen schließt die heutige Generation ein, auch wenn sie direkt an den Ereignissen des »Dritten Reiches« nicht beteiligt war. Ob sie wollen oder nicht, sind sie mit ihren Eltern identifiziert, übernehmen entweder deren Verleugnungen oder Verdrängungen oder befinden sich in einem blindwütigen Kampf gegen die ältere Generation. Dabei neigen sie dann dazu, ihre Werte und Ideale mit der gleichen Starrheit und dem gleichen Fanatismus wie ihre Eltern zur Zeit Hitlers zu verteidigen.

8. Rückzug in die Isolation – Zum Beispiel Wolfgang Koeppen

In dem 1967 veröffentlichten Buch »Die Unfähigkeit zu trauern« schrieben wir, daß es bisher noch keinem unserer Schriftsteller gelungen sei, mit seinen Werken das politische Bewußtsein und die soziale Kultur unserer Bundesrepublik tiefergehend zu beeinflussen. Zwar wurden Deutschland und die Deutschen während der Nazi-Zeit von deutschen Literaten oft schonungslos und treffend dargestellt, aber zu einer Auseinandersetzung mit der Nachkriegsgesellschaft kam es in den fünfziger Jahren nur relativ selten.

Wolfgang Koeppen war einer der ersten, der sich mit der unmittelbaren Nachkriegszeit in Deutschland beschäftigte. 1951 wurde »Tauben im Gras« veröffentlicht; es folgten 1953 »Das Treibhaus« und 1954 »Der Tod in Rom«. Seine Bücher deckten nicht nur die Rückkehr der Nazis, den Aufstieg der Opportunisten und das Wiedererwachen faschistischer Mentalität auf, sie zeigten auch, mit welchen Methoden die noch unvollständig verdrängte Vergangenheit in der Gegenwart wieder Raum zu gewinnen vermochte.

Karl Korn (1951) schrieb über »Tauben im Gras«: »Koeppens Buch sagt über die politische Gesamtsituation in diesem Lande mehr aus, als ganze Jahrgänge von Leitartikeln.« Allerdings blieben diese Bücher trotz mancher positiver Kritiken ohne größeren Widerhall. »Das Treibhaus«, das eindeutig auf Bonner Verhältnisse anspielte, wurde für kurze Zeit zu einer Art Skandal und wohl deswegen besser verkauft als die beiden anderen Romane der Trilogie. Von »Tauben im Gras« und »Tod in Rom« wurden damals nur etwa 6000 Exemplare abgesetzt. 1969 erschien eine Sonderausgabe der Trilogie; sie wurde überall angezeigt und gelobt, auch literarische Ehrungen sind Koeppen seither zuteil geworden. Die Zeiten hatten sich – so schien es – geändert, doch ob das dazu führte, daß seine politischen Romane auch mehr gelesen wurden, darf man bezweifeln.

Es kann hier nicht meine Aufgabe sein, ein Urteil über die literarische Qualität der Romane Wolfgang Koeppens abzugeben oder auf seinen Stil und seine literarischen Vorbilder wie Joyce oder Dos Passos einzugehen, vielmehr möchte ich die Frage untersuchen, welche Gründe dazu führten, daß Wolfgang Koeppen die deutsche Nachkriegsgegenwart mit so viel Distanz und analytischer Schärfe zu beschreiben vermochte. Dazu werde ich, bevor ich auf seinen Roman »Tod in Rom« eingehe, die wenigen Angaben zusammenfassen, die er selbst bereit war, über sein Leben zu machen. Daß seine Romane autobiographische Anteile haben, ist offensichtlich.

Wolfgang Koeppen wurde am 23.6.1906 in Greifswald (Pommern) geboren. Vor dem Krieg schrieb er zwei Romane: »Eine unglückliche Liebe« (1934) und »Die Mauer schwankt« (1935). Der letztere ist meines Erachtens mit der literarischen Qualität seiner nach dem Krieg erschienenen Romane nicht zu vergleichen. Ende der fünfziger und Anfang der sechziger Jahre veröffentlichte er Reiseberichte.

Viele Jahre lang wurden ein weiterer Roman und eine Autobiographie angekündigt, auf die sein Verleger und seine Leser bis heute warten. Darüber hat es manche Diskussion und boshafte Spekulationen gegeben. In ihnen wird Koeppen zu einem vom Literaturbetrieb hochgelobten Schriftsteller gemacht, zu einem im Grunde lächerlichen Produkt seiner »Zuhälter«, der Kritiker und Verleger. Über Inhalt und literarischen Wert seiner Bücher, über deren politische Bedeutung glaubte man kein Wort verlieren zu müssen – ein weiterer Beweis, scheint mir, für den unpolitischen und unkritischen Umgang mit der deutschen Geschichte im Kulturbetrieb.

1976 erschien sein letztes Buch, ein schmaler Prosaband mit dem Titel »Jugend«, von dem es in der Ankündigung heißt, darin mischten sich Erzählungen, Fakten und Fiktion. Diese »Erzählung« ist Teil einer seit längerem geplanten Autobiographie. Sie offenbart, daß Wolfgang Koeppen durch seine Geburt, seine Kindheits- und Jugendgeschichte zum Außenseiter wurde. Erst später wird aus ihm der gewollte, bewußte Außenseiter, der sich von der Gesellschaft, in der er lebt, willentlich absondert. Seine Kindheit war unglücklich und bedrückend. Die Großmutter gibt ihrem Bedürfnis nach Freiheit nach, entflieht ihrer Ehe und ihrer bürgerlichen Herkunft, kann sich aber, innerlich und äußerlich, dennoch nicht gegen die bürgerlichen Vorurteile der nationalistischen und patriarchalischen Klassengesellschaft durchsetzen, aus der sie stammt. Sie wird an den Rand der Gesellschaft gedrängt. Als ihre Tochter, die Mutter Koeppens, ein uneheliches Kind bekommt, bedeutet das mehr oder weniger die endgültige Deklassierung, die bürgerliche Vernichtung. Beide, Mutter und Tochter, und später auch der Sohn, sind der Ächtung ihrer »wohlanständigen« Umwelt ausgesetzt, gerade deswegen, weil auch sie selbst sich innerlich von der »Moral« und den in ihrer Gesellschaft herrschenden ausgesprochenen und unausgesprochenen Regeln nicht zu lösen vermögen. Vielmehr versuchen sie durch Bescheidenheit sich ihr anzupassen, was ihr physisches und psychisches Elend nur vergrößert.

Trotz der Verbundenheit mit Mutter und Großmutter scheint sich Koeppen schon früh anders als diese zu verhalten. Im Laufe seiner Kindheit geht er zunehmend bewußter auf Distanz zum Gymnasium, zu seiner bürgerlichen Umwelt überhaupt. Seine Kindheitserlebnisse und die Art, wie er sie verarbeitete, formen sein weiteres Leben; er kann und will sich später nie mehr in ein geordnetes bürgerliches Leben einfügen. Unter der Lieblosigkeit, der Enge, den Denkeinschränkungen seiner Umgebung hat er zutiefst gelitten und sich dagegen gewehrt. So steht er auch den Nazis von vornherein mißtrauisch gegenüber und durchschaut früh ihre Verlogenheit und Brutalität.

Ich fasse kurz aus zwei Interviews der Jahre 1961 und 1971 (hrsg. v. M. Greiner, 1976) zusammen, was Koeppen über sein weiteres Leben berichtet. Nach seiner Auffassung kann der Schriftsteller nur Außenseiter sein, und das sei – zumindest für ihn, Koeppen – der einzig mögliche Standort, den er einnehmen könne. Dieser Standort lasse auch das anregende Spannungsverhältnis entstehen, das er für sich brauche: »Der Schriftsteller kämpft auch, nimmt Partei, nur für etwas, das noch nicht eingetreten ist, vielleicht nie eintreten wird. Er ist ein Anwalt der Schwachen, der Not, der Angst, des Leidens. Und ein Gegner der Mächtigen.«

Der Interviewer zählt auf, was er von Koeppen weiß: ein unordentlicher Lebenslauf, reiche Jahre, vergeudete Jahre, Eulenspiegel, Anarchist, schweigsamer Kaffeehaus-Besucher, Schreiben in Hotelzimmern, Großstädter, Individualist, Reisender... Koeppen fügt als Ergänzung hinzu: Gymnasium in Ostpreußen, Distanz zur Herkunft, unregelmäßiges Studium, bildungsbeflissen, aber kein Ziel, Zeit der Arbeitslosigkeit (»in der ich Außenseiter blieb«), Schiffskoch (zwei Fahrten), 14 Tage Fabrikarbeiter, Platzanweiser im Kino, Eisbereiter in Sankt Pauli, Dramaturg und Regievolontär in guten Theatern, loses Verhältnis zu Piscators dramaturgischem Kollektiv (unbefriedigend, aber schon Berlin), früher Journalismus, gleich in Berlin, links, Gast im Romanischen Café, Anstellung am Börsenkurier von 1931 bis 1934. Das war die einzige Zeit in seinem Leben, in der Koeppen fest angestellt war. »An diese denke ich ger-

ne zurück. Wäre Hitler nicht gekommen, hätte ich mich noch nicht von der Presse gelöst. Ein Angebot 1935, zur BZ am Mittag zu gehen, lehnte ich ab.«
Als es für ihn gefährlich wurde in Deutschland, ging er nach Holland und veröffentlichte keine Zeile mehr. Er hatte einen Mäzen, einen Freund von Hugo von Hofmannsthal und einen Liebhaber der deutschen Literatur. 1935 schrieb er »Die Mauer schwankt«, dann »Die Jawang-Gesellschaft«. Dieser letzte Vorkriegsroman ging in Holland während des Krieges verloren. Koeppen hat nach seinen Worten seine Reisebücher geschrieben, weil er gern reiste, weil er leidenschaftlich gern Ausländer sei, denn es sei zwischen ihm und allem eine Distanz, nicht nur eine der Sprache. Er sei dann, was er ohnehin schon sei: fremd, ganz und krass.
Auf seine Angst angesprochen, nach langem Schweigen nichts mehr hervorbringen zu können, erklärt er: »Ich kenne nur eine Angstvorstellung: zu versteinern, doch mit irgendeinem Bewußtsein.«
In dem Interview aus dem Jahr 1971 versucht er zu erklären, warum er über so viele Jahre geschwiegen habe und warum es ihm eine solche Mühe bereitet, den geplanten Roman und eine Autobiographie zu beenden: »Es ist so, daß ich den Glauben an eine Aktion verloren habe, also daß man mit Schreiben, mit Kritik, Satire irgend etwas ändern könnte. Was ich mir wünsche: daß durch mein Schreiben eine Änderung von Leben, von Denken, von Bewußtsein einträte bei irgend jemand und sich diese wieder auf einen anderen übertragen würde. Das ist eine Hoffnung, aber das ist ein sehr langsamer Vorgang und trifft wohl nur bei einigen wenigen großen Schriftstellern zu... Sehen Sie: ich bin pessimistischer geworden, trauriger, aber vielleicht auch ernster.«
Der Interviewer vermutet, es fehle Koeppen einfach an Selbstvertrauen. Koeppen stimmt zu: In seiner Jugend habe

er fürchterlich unter Schüchternheit gelitten, aus diesem Grunde habe er sich den Wunsch, Theaterregisseur zu werden, auch nicht erfüllen können.

Aus seinen Äußerungen läßt sich schließen, daß Koeppen ein Mensch ist, dem es in der Kindheit an Sicherheit fehlte, dessen Vorbildfiguren, Mutter und Großmutter, sich an der bürgerlichen Wertwelt orientierten, einer Welt, in der sie selbst aber nicht akzeptiert wurden und eine Randexistenz demütigender Art führen mußten. Im Gegensatz zu Mutter und Großmutter distanzierte sich Wolfgang Koeppen innerlich früh von der falschen Wohlanständigkeit und der doppelten Moral seiner Umgebung. Dadurch wurde er zum Außenseiter; er litt anfänglich darunter, doch wurde später gerade das zur Bedingung seiner Künstler-Existenz und ließ ihn die Schwächen, die Heuchelei, die Lieblosigkeit seiner Umwelt in aller Schärfe wahrnehmen.

Nach den drei Romanen, die sich mit der deutschen Nachkriegssituation, der Haltung der Deutschen zu ihrer Vergangenheit, deren Wiederkehr in der Gegenwart, dem Opportunismus seiner Landsleute beschäftigten, schrieb er, als einer der wichtigsten politischen Schriftsteller seiner Zeit gerühmt, außer Reisebüchern und dem schmalen Band »Jugend« nichts mehr. Seine Resignation ist verständlich; auf einen so sensiblen, frühen Verletzungen ausgesetzten Menschen wie Wolfgang Koeppen muß es tief deprimierend wirken, wie wenig Einfluß seine Romane hatten, wie wenig Veränderung sie herbeiführen konnten.

Ich möchte mich zunächst mit Koeppens Roman »Der Tod in Rom« beschäftigen. Darin sind Menschen geschildert, die die Nazi-Zeit aktiv oder als Mitläufer durchlebt haben und dann die Nachkriegszeit beherrschen und prägen. Sie sind in der Tat unfähig, über falsche Ideale und die Opfer der NS-Unmenschlichkeit zu trauern; an eine Trauer auch nur zu denken, liegt jenseits ihrer seelischen Möglichkeiten. Sie

verleugnen, verdrängen die NS-Zeit oder erwecken unverhohlen die alten Nazi-Ideale zu neuem Leben, sofern sie diese überhaupt je aufgegeben hatten. Ihr Blick ist auf Erfolg und auf karrierefördernde Beziehungen gerichtet.
Da ist Dietrich Pfaffrath, der Sohn des früheren Nazi-Oberpräsidenten und jetzigen Oberbürgermeisters, der sich mit Corps-Studenten identifiziert, aber sofort bereit ist, den von ihm als »entartet« bezeichneten Bruder, der Musiker ist, anzuerkennen, als er von dessen Erfolg im Ausland erfährt. Siegfried Pfaffrath – nomen est omen – droht an seinem Leben, an der Gegenwart zu verzweifeln; er ist Komponist und erhofft sich von seiner Kreativität Rettung. Seine Homosexualität, zu der er sich offen bekennt, führt aber dazu, daß er sich erniedrigenden Situationen aussetzt; dadurch ist er doppelt heimatlos und einsam. Gleichwohl spricht er von Grenzsituationen, die ihm zwar schmerzliche, aber für die Vertiefung und Erweiterung seiner seelisch-menschlichen Erfahrungen notwendige Erlebnisse verschaffen. Doch auch wenn er seine Familie verabscheut und sich innerlich und äußerlich von ihr zu trennen versucht, bleibt er an seine Eltern und seine Tradition gebunden, von der er doch gelöst sein will.
Ilse Kürenberg, die emigrierte deutsche Jüdin, Frau des Dirigenten, der die Symphonie Siegfried Pfaffraths mit Erfolg aufführte, lehnt dessen Musik ab: »Was sie hörte, waren Dissonanzen, einander feindliche unharmonische Klänge, ein Suchen ohne Ziel, ein unbeharrliches Experiment, denn viele Wege wurden eingeschlagen und wieder verlassen, kein Gedanke mochte weilen, und alles war von Anfang an brüchig, von Zweifel erfüllt und von Verzweiflung beherrscht. Sie wollte nicht beunruhigt werden, sie hatte in ihrem Leben gelernt, daß es besser sei, Leid und Wehmut zu fliehen. Sie wollte nicht leiden, nicht mehr.«
Sie hat genug gelitten. Sie hat genug vom Tod, Elend und

Unglück. All das ist allzu real über sie und ihre Familie, ihre ›Rasse‹, hereingebrochen. Sie will mit diesen faustisch-deutschen verzweifelten und letztlich zerstörerischen inneren Auseinandersetzungen nichts mehr zu tun haben. Auch sie sieht in Siegfried immer noch ein Mitglied seiner Familie. Koeppen gibt ihr mit dieser Ablehnung recht, und am Ende seines Romans wird sie wiederum Opfer eines Deutschen, von Siegfrieds Onkel, einem alten, unbeirrbaren mörderischen Nazi: Gottlieb Judejahn, ein gesuchter Massenmörder aus der Zeit des Dritten Reichs, der in Nürnberg zum Tode verurteilt worden und in einem arabischen Land als militärischer Ausbilder untergetaucht ist, erschießt sie. Sein Antisemitismus, sein Glaube an die Nazi-Ideologie ist unerschütterbar, wie zu Hitlers Zeiten. »Erstens war er im Recht und war immer im Recht gewesen, und zweitens, wie wehte denn der Wind: vergeben und vergessen... Dieser Mann war ein Henker. Er kam aus dem Totenreich, Aasgeruch umwehte ihn, er selber war ein Tod, ein brutaler, ein gemeiner, ein plumper und einfallsloser Tod... Er schlief – ruhig, friedlich, traumlos, kein Alp, kein Gewissen drückte ihn, kein Gerippe erschien ihm.« Dieser alternde Ex-SS-Mann, mit Vornamen Gottlieb, hatte als Kind in der Schule versagt und wurde von seinem Vater, einem Volksschullehrer, verprügelt und verachtet, was er nie vergessen konnte. Judejahn ist ein kleinbürgerlicher Katholik, der sich als Kind gegen seinen Lehrer-Vater vergeblich aufgelehnt hatte und später in größenwahnsinniger Identifikation mit seinem Führer dem Judenwahn erlag. In dem arabischen Exil empfand er die Kaserne, in der er lebte, als Heimat; sie bedeutete Kameradschaft, sie war Halt und Ordnung. »In Wahrheit hielten ihn die Phrasen eines Pennälers zusammen.«

Sein Sohn Adolf ist zum Entsetzen des Vaters Priester geworden. Er nimmt die Schuldgefühle und das Sühnebedürfnis für die von vielen durch perverse Ideale gedeckten Morde auf sich, die sein Vater verleugnet oder zu fühlen unfähig ist. Aber im Gegensatz zu Siegfried bleibt Adolf weich und versöhnlich; er möchte sich mit seinen Eltern verstehen, möchte verzeihen, immer noch geliebt werden. Er braucht die Anlehnung an die Mächtigen, an die Kirche, in der Schuldgefühle und Sühnebedürfnisse professionell verwaltet werden. Die Angst vor Liebesverlust fördert seine Anpassungs-Bedürfnisse und untergräbt seine Kritikfähigkeit.

Obwohl in Koeppens Romanfiguren autobiographische Elemente ihren Niederschlag finden, sind die meisten seiner »Helden« weniger Individuen als symbolische Menschentypen, die die politische und psychologische Atmosphäre der Nachkriegszeit widerspiegeln. Da gibt es den »Mitläufer« und seine Familie, die alten, von perverser Ideologie zu Unmenschen verformten Nazis, und die damals zur zweiten Generation zählenden Figuren wie Adolf, Siegfried und Dietrich. Adolf, der Sohn des Nazi-Mörders, der gute, aber schwache Mensch, ist in mancher Hinsicht so gefangen in einer bereits erstarrten ideologischen Welt wie seine grausam verrückten Eltern. Für die Nachkriegsatmosphäre der Bundesrepublik wichtiger als die mörderische Welt des Gottlieb Judejahn ist jedoch die Welt der Mitläufer, die Welt der Pfaffraths, eine Mischung von Pfaffen und Studienräten, die ihre kleinbürgerliche Misere, die immer noch faschistische Mentalität in das neue Staatsgebilde einbrachten und es damit beherrschen.

Die Frauen in diesem Roman bleiben im übrigen bis auf Ilse Kürenberg blaß und starr, Marionetten, die sich stets in die Richtung bewegen lassen, die ihre Männer ihnen vorschreiben. Frauen haben offenbar für Wolfgang Koeppen in dieser Welt der Männer wenig oder keine Bedeutung; sie sind eingeschränkte, denkunfähige Wesen oder sie werden idealisiert. Die Frauengestalten in den Romanen Koeppens zu untersuchen, wäre eine interessante, aber – wie ich fürchte – zugleich etwas langweilige Aufgabe, der ich mich in diesem Zusammenhang nicht widmen kann.

Siegfried, obwohl auch ein Pfaffrath, stellt inmitten seiner phrasenhaften und phantasielosen Umgebung ein kreatives Element dar. Er versucht eine andere Welt heraufzubeschwören; Verzweiflung, Verfall, die Aussichtslosigkeit seiner Zeit, die Distanzierung von ihr, all dies wird mit Hilfe einer Musik Gestalt, in der neue, bisher unbekannte Tonverbindungen Zugang zu neuen Denk- und Gefühlsweisen verschaffen sollen. Mit Siegfried stellt sich offensichtlich der Autor auch selbst dar: als einen Menschen, der versucht, seiner Trauer und der Zerrissenheit seiner Zeit dichterischen oder, im Fall von Siegfried, musikalischen Ausdruck zu verleihen. Die Musik ist für ihn »eine Annäherung an die Wahrheit der Dinge, die nur unmenschlich sein könnte... Er hatte in der ersten Fassung an den Tod der Großmutter gedacht, der einzigen Person in seiner Familie, die er geliebt hatte... In der zweiten Fassung des Septetts aber hatte Siegfried mit seinen sieben Instrumenten etwas Allgemeineres, Zwielichtiges ausdrücken wollen, geheimen Widerstand, blinzelnde, unterdrückte, romantische und brüchige Gefühle. Es war Siegfrieds Auflehnung gegen seine Umgebung, gegen das Kriegsgefangenencamp, den Stacheldrahtzaun, die Kameraden, deren Gespräche ihn anödeten, den Krieg, den er seinen Eltern zuschrieb, und das ganze vom Teufel besessene und geholte Vaterland.« Dennoch sagt er später: »Ich gebe mich respektlos und sehne mich danach, achten zu können.«

Es ist schwierig, ohne Menschen zu leben, mit denen man sich identifizieren kann. Siegfried achtet Kürenberg, aber dessen jüdische Frau lehnt ihn ab. Er ist, wie Koeppen von sich sagt: fremd, ganz und krass.

Die ehemaligen Gefolgsleute Hitlers verachten sich auch

gegenseitig. Judejahn spricht von seinem Schwager als dem »Nutznießer und Karriereschleicher, dem Oberpräsidenten und Oberbürgermeister, des Führers Geldverwalter und Spruchkammer-Mitläufer und jetzt wieder obenauf, altes vom Volk wiedererwähltes Stadtoberhaupt, streng demokratisch wieder eingesetzt, das verstand sich bei dem von selbst, mit dem also verschwägerte er sich, mit Friedrich Wilhelm Pfaffrath, den er für ein Arschloch hielt und dem er sich in einer schwachen Stunde brieflich zu erkennen gegeben hatte, sie sollten nicht weinen, denn er sei gut im Kraut; und dann hat er in dieses idiotische Wiedersehen in Rom gewilligt. Der Schwager schrieb, er wollt's ihm richten.«
Und weiter: »Judejahn wollte nach der Souveränitätsverleihung in Deutschland erscheinen, und Pfaffrath nickte, dann habe es keine Gefahr mehr, keine deutsche Behörde würde ein Nürnberger Urteil vollstrecken und kein deutsches Gericht würde Judejahn verdammen, und Judejahn sprach von neuer Kampfzeit und neuer Bewegung und von der Sammlung der Schar der Getreuen, und Pfaffrath, der Korrekte, erinnerte daran, daß Judejahn dann auch für geleistete Staatsdienste und erfüllten Generalsrang Pension fordern könne, ein Recht, das zu verfechten, ein möglicher Prozeß, der zu gewinnen sei, es gehe hier um Treue und Glauben und verbrieften Anspruch ans Vaterland...«
Mit Beginn des Wirtschaftswunders, mit dem Ende von Not und Elend war niemand mehr aufgerufen, sich mit der Vergangenheit auseinanderzusetzen. Anhänger Hitlers und seiner Ideologie waren wieder dabei. Sie holten ihre alten Wertvorstellungen wieder hervor, traten zwar nicht mehr ganz so herrisch auf, sondern angepaßt an die Sieger und voller Hoffnung auf neue Karrieren. Wer was war, wer Erfolg hatte, dem lief man nach, manchmal auch dann, wenn er, wie Siegfried, andere Vorstellungen von Leben, Wahrheit, Sinn und Werten hatte.

Koeppens Bücher fanden trotz wohlmeinender, zumeist an den eigentlichen Problemen vorbeigehenden Kritiken im breiteren Publikum wenig Resonanz. Hingegen wurde das 13 Jahre später, 1967, veröffentlichte Buch »Die Unfähigkeit zu trauern« von Alexander Mitscherlich und mir verglichen mit den politischen Romanen Koeppens ein Verkaufserfolg. Warum? Die Zeiten hatten sich geändert: Zum erstenmal lehnte sich ein großer Teil der deutschen Jugend gegen alte Ideale und Wertvorstellungen auf. Sie stellte die bestehende Politik, ihre Institutionen, die hierarchischen Ordnungen in Frage. Die ältere Generation war über die Studentenrevolte entsetzt. Doch durch sie war die deutsche Öffentlichkeit jetzt auf Gegenwartskritik vorbereitet und auch auf die Frage, wie sich die Vergangenheit in der Gegenwart spiegelt. Die Dietrichs und Adolfs aus Koeppens »Tod in Rom« gab es und gibt es sicher noch, aber ein Teil der Jugend schien sich doch geändert zu haben und kritischer geworden zu sein. Viele von ihnen (und nicht nur Einzelgänger wie Siegfried) befaßten sich erneut oder erstmalig mit der Vergangenheit. Verdrängungen wurden aufgehoben, Ideale auf ihre Herkunft geprüft, Anpassungs- und Erfolgsdenken infrage gestellt. Viele der älteren deutschen Bürger fielen noch Ende der sechziger Jahre gleichsam aus allen Himmeln, als sie sich plötzlich mit einer Jugend konfrontiert sahen, die offen anders dachte als sie. Untergründig hatte sich diese Auseinandersetzung mit der Vergangenheit und an gesellschaftlichen Strukturen der Gegenwart schon seit längerem angebahnt, nur hatten die Älteren in ihrer Hingabe an das Wirtschaftswunder nichts bemerkt. »Die Unfähigkeit zu trauern« erschien, als der Konflikt zwischen den Generationen offen ausbrach, die Konfrontation mit gestern und heute Tagesgespräch war. Das dürfte zu seinem Erfolg wesentlich beigetragen haben.

In dem Kapitel, das sich spezifisch mit der Vergangenheitsbewältigung beschäftigt, sind drei Patienten vorgestellt, die einer Generation angehörten, die altersmäßig etwa zwischen Dietrich, Siegfried und Adolf und ihren Eltern lag. Einer von ihnen entsprach dem Typus des Koeppenschen Judejahn: Der Patient Q. hatte der SS angehört. Kein Anzeichen ließ erkennen, daß es ihm je in den Sinn gekommen wäre, sich einem Dienstbefehl zu widersetzen. Alle Maßstäbe der damaligen Zeit fand er weiterhin »rechtens«.

Die beiden anderen geschilderten Patienten lassen sich nicht so leicht in das Koeppensche Schema einordnen. Sie waren weder im Sinne Dietrichs reine Opportunisten und kritiklose Anpasser noch waren sie Träger von Gegen-Identifikationen wie Adolf oder kreative Verzweifler wie Siegfried, sondern eher, was man »vernüftige« Verleugner und Verdränger nennen könnte. Aber auch sie konnten weder Schuldgefühle ertragen noch Trauer im Sinne der Erinnerungsarbeit leisten. Sie verfielen vielmehr den Abwehrmechanismen der Entwirklichung der Vergangenheit oder der Identifikation mit dem Opfer. Diese Mechanismen gehen Hand in Hand mit dem mehrfach erwähnten Abwehrmechanismus der Schuldverschiebung; sie scheinen mir heute in Deutschland die gebräuchlichsten zu sein, wenn es um die Nazi-Vergangenheit geht.

Trauerarbeit über die Nazi-Vergangenheit bedeutet nach wie vor Auseinandersetzung mit der eigenen gefühlsmäßigen oder tatsächlichen Beteiligung an den Untaten der Nazis, der Entmenschlichung der Juden und an der massiven Korrumpierung unseres Gewissens, der nur wenige Widerstand hatten leisten können. Trauerarbeit verbunden mit Aufrechnung der eigenen Schuld gegen die der anderen ist ein Unding. Um Erinnerungen auch gefühlsmäßig zulassen zu können, muß man lernen, Schuldgefühle zu ertragen und – so schwer es den meisten auch fallen mag – mit ihnen zu leben, von ihnen zu lernen.

Ohne zu übertreiben kann man feststellen, daß neuerdings

einige Deutsche die Unfähigkeit zu trauern geradezu propagieren. Mit der Parole »Wir wollen endlich vergessen« scheint auch der Antisemitismus wieder lebendig zu werden. Wer sich am 16. Januar 1986 die Sendung »Europa unterm Hakenkreuz – Städte und Stationen: Auschwitz« angeschaut hat, konnte nur mit Erschütterung den darin enthaltenen latenten Antisemitismus auf sich wirken lassen, die Projektionen und Vorurteile, die in den Aussagen der Befragten untergründig zum Ausdruck kamen.

Es wurden Filme über Auschwitz gezeigt, Aufnahmen, die kurz nach der Besetzung Deutschlands durch die Alliierten und nach der Aufdeckung der entsetzlichen Vorgänge in den Konzentrationslagern gemacht worden waren. Die dazu Befragten, eine ältere Frau und ein Mann mittleren Alters, der den Krieg noch als Kind miterlebt hatte, schienen emotional nicht sonderlich beteiligt zu sein, obwohl sie es als »gräßlich« bezeichneten, was mit den Juden geschehen war. Beide beteuerten, nichts von Auschwitz und von der Ausrottung der Juden gewußt zu haben. Die ältere Frau lehnte die »Endlösung« der Judenfrage ab, da ja auch Künstler vergast worden seien, und sie selber besonders an Kunst und Musik interessiert wäre. Es könne durchaus sein, daß manche Juden Schlimmes angerichtet hätten, jedoch sicherlich nicht alle. Mit anderen Worten: Juden, die unliebsam auffallen, sofern man den Vorurteilen über sie folgt, könnten ein solches Schicksal verdient haben, und, wenn man es zynisch formuliert, vor allen Dingen jene, die keine Künstler waren.

Der zweite Befragte, der Mann mittleren Alters, äußerte ebenfalls seine Ablehnung gegen das »gräßliche« Geschehen, doch auch er fügte hinzu, nicht alle Juden hätten sich einwandfrei verhalten, auch heute hörte man noch vieles, was gegen dieses Volk spräche. Er befürchtete auch, daß eine erneute Arbeitslosigkeit ähnliche Reaktionen wie da-

mals hervorbringen könne. Man dürfe nicht vergessen, was Hitler gegen die Arbeitslosigkeit getan habe, wie immer seine Politik, der Krieg letztendlich ausgegangen sei. Hitler habe nach 1933 die Arbeitslosigkeit wirksam bekämpft.
Wer diesen Landsleuten zuhört, ist erschüttert, wie wenig sich geändert hat, wie zäh sich alte Vorurteile erhalten haben. Das Bedürfnis nach Vergessen herrscht vor, vergangene Gefühle und Denkweisen, die man geklärt und überwunden wähnte, tauchen unreflektiert wieder auf. Keiner der nach Auschwitz Befragten mochte ganz ausschließen, ob nicht die Juden selbst schuld seien an dem schrecklichen Schicksal, das ihnen die Deutschen zugefügt haben. Für den aufmerksamen Beobachter ist nicht zu übersehen, daß im Bereich des Antisemitismus und im Umgang mit der Vergangenheit sich wenig verändert hat, auch wenn man sich nur vorsichtig dazu äußert, zumindest bis vor wenigen Jahren. Das hat sich geändert. Mittlerweile sieht sich der staunende Zeitgenosse mit einer »neuen Auschwitzlüge« (Rudolf Augstein, 1986) konfrontiert. Wer könnte da nicht die Resignation Koeppens nachempfinden?
Dennoch scheint ein Teil der Jugend nicht mehr bereit und auch nicht mehr fähig zu sein, die Heuchelei der »wohlanständigen«, die Verdrängung verdrängenden Gesellschaft der Zeit nach 1945 mitzumachen. Der Grad unserer »moralischen und kulturellen Übereinstimmung mit Herkunftsbeständen«, um eine Formulierung Hermann Lübbes (1983) zu verwenden, nimmt bei ihnen ab, die »gemeinsinnsfähige moralische und politische Normalität« muß neu durchdacht und neu errungen werden.
Auch in den theoretischen und klinischen Diskussionen der Psychoanalytiker tauchen Terminologien auf, die veränderte Wertvorstellungen ankündigen. Die Forderung: Wo Es war, soll Ich werden, wird als unabdingbare Voraussetzung für seelisch-geistige Gesundheit seltener erhoben, da zum Ich

meistens ein starkes »Überich« im Sinne der Anpassungen traditioneller (patriarchalischer) Werte gehört. Spätestens seit Hitler wissen wir, in welchem Ausmaß traditionelle Werte mißbraucht werden können und daß das gesellschaftlich konforme Überich nicht mit der Fähigkeit zu persönlicher oder sozialer Verantwortung gleichzusetzen ist.

In der Psychoanalyse wird heute häufiger von der sogenannten »authentischen Persönlichkeit«, von Identität, von Selbst gesprochen, also von einem Menschen, der zu »sich selbst« gekommen ist, seiner Gefühlswelt nicht fremd oder verdrängend gegenübersteht und eigenständig denkt. Das klingt alles recht sympathisch, nur scheint mir in solchen Begriffen die Bedeutung des Unbewußten und der Triebwelt für das Verhalten eines Menschen, für seine Ideal-Bildung und sein Überich unterschätzt zu werden. Die Suche nach der »inneren Wahrheit«, nach dem »wahren Selbst«, nach dem »Gefühl der eigenen Existenz« hat etwas vernebelnd Idealisierendes und Selbstidealisierendes an sich. Mit solchen Sehnsüchten ist die Selbsttäuschung verbunden, der Mensch könne mit seinen Trieben konfliktfrei leben.

Das Überich wird jedoch von Trieben und deren Abwehr oft beherrscht. In der NS-Zeit war dieser Vorgang in ungewöhnlicher Primitivität zu beobachten. Eigene abgewehrte destruktive und sexuelle Triebbedürfnisse wurden auf Sündenböcke projiziert, deren unerbittliche Verfolgung dann als höchste Gewissensforderung proklamiert und durchgeführt werden konnte. Dieser primitive Durchbruch der Triebanteile des Gewissens, als »höhere« vaterländische Pflicht angeboten oder befohlen, kam offenbar dem Bedürfnis zahlreicher Volksgenossen entgegen. Die für die NS-Zeit typischen Massenveranstaltungen und Rituale (man erinnere sich nur an die Filme Leni Riefenstahls) versetzten die »Gläubigen« in quasi religiöse Massenextasen. Das alles war 1945 schlagartig vorbei. Wie würden sich das NS-Gewissen und seine pervertierten Befriedigungen auf die Nach-Hitler-Periode auswirken? Koeppen beantwortet das so: Die ältere Generation, die Judejahns und Pfaffraths ändern sich nicht, nur ihre Umgebung hat sich geändert. Im ganzen paßt man sich an, Opportunismus ist eine Selbstverständlichkeit. Nur bei Siegfried gibt es Anzeichen für eine Abkoppelung von Idealen, der Heuchelei und Verlogenheit der NS-Zeit. Er aber ist – schon wegen seiner Homosexualität – ein Außenseiter.

Erst Ende der sechziger Jahre wurde sichtbar, daß ein größerer Teil der Jugend sich dagegen wehrte, die Ideale ihrer Eltern und ihrer Gesellschaft zu übernehmen, sie zu introjizieren und so zur Basis für die Überich- und Ideal-Bildung zu benutzen. Was aber dann, welche Werte und Ideale konnten die alten ersetzen? Führte die Ablehnung vieler bisher gültiger Wertvorstellungen notwendigerweise zu einer innerlich unsicheren, narzißtisch desorientierten Persönlichkeit, wie vielfach angenommen wurde? Das ist so leicht nicht zu beantworten und hängt wohl unter anderem davon ab, wie und in welchem Alter dieser Verlust der Werte einsetzt. Die seelische und geistige Befreiung von falschen Idealen und Idealisierungen, von traditionellen Vorurteilen – auch wenn sie von den Eltern geteilt werden – ist schließlich die Bedingung dafür, daß überhaupt eine geistig-seelische Entwicklung und Neuorientierung einsetzen kann.

Meine Patienten und die Verhaltensweisen mancher Gruppen Jugendlicher vor Augen, vermag ich nicht wie andere von einem sozialen oder individuellen Überich-Defizit im Vergleich zu den vorangegangenen Jahrzehnten zu sprechen. Die Überich-Inhalte haben sich allerdings geändert, auch deswegen, weil langsam immer mehr Menschen die Ideale und Überich-Inhalte der Vergangenheit und Gegenwart als falsch und in die Irre führend erkennen und außer-

dem wissen, daß die in der Familie gelehrte und die in der Gesellschaft praktizierte Moral weit auseinanderklaffen. Ein Schriftsteller, der die bundesdeutsche Wirklichkeit heute, wie Wolfgang Koeppen in der Nachkriegszeit, beschreiben und symbolisch verdichten könnte, würde uns wahrscheinlich das Fürchten lehren. Faktisch ist es eine Minderheit, die die Augen vor den uns drohenden Katastrophen nicht verschließt und aus der Vergangenheit gelernt hat. Das dokumentiert die folgende kurze Übersicht aus dem unmittelbaren Zeitgeschehen. »Die explosive Mischung aus antisemitischen, rassistischen, neonazistischen Sprüchen stammt von jungen und alten Nazis, aber auch von politischer Prominenz. Ein Bürgermeister glaubt, den Haushalt nur aufstokken zu können, wenn ›ein paar reiche Juden erschlagen werden‹; ein Bundestagsabgeordneter sieht bei Entschädigungszahlungen überall geldgierige Juden; marodierende Skin-Heads erschlagen einen Türken aus blankem Ausländerhaß; Hakenkreuzschmierereien auf jüdischen Friedhöfen beschränken sich nicht auf Einzelfälle; ein NPD-Funktionär wird vom Bundesverteidigungsminister geehrt; organisierte Neonazis dürfen sich wieder offen zu ihrer verbrecherischen Ideologie bekennen. Sie erhalten öffentliche Versammlungsräume, die Polizei gewährte ihnen vor protestierenden Gegendemonstranten so gründlich Schutz, daß einer der Empörten starb« (Marliese Dobberthien, 1986).
Heinrich Böll, einer der wenigen deutschen Schriftsteller, der sich ähnlich wie Koeppen mit der Nachkriegszeit und der westdeutschen Gegenwart auseinandersetzte, hatte unter Anfeindungen und Verleumdungen bitter zu leiden. Auch ihn hat die Resignation eingeholt; sie wird zu seinem relativ frühen Tod beigetragen haben.

9. »Spiel um Zeit« – Zu dem Film von Fania Fénelon

Der Film »Spiel um Zeit« (im ZDF am 8. 3. 1981) führt uns noch einmal all die versteckten und offenen Verhaltensweisen vor Augen, die während der Nazi-Zeit zum »Alltag« gehörten. Immer wieder stehen wir ungläubig und erschüttert vor Berichten oder Dokumenten aus dieser Zeit. Die Grausamkeit, mit der Familien auseinandergerissen, Mütter von ihren Kindern getrennt und Menschen mißhandelt und getötet wurden, kann nicht durch persönlichen Haß oder Rachsucht aufgrund schrecklicher eigener Erlebnisse erklärt werden, sondern beruht auf der paranoiden Überzeugung, man habe es mit lebensunwerten Menschen zu tun, die zu vernichten, vaterländische Pflicht sei.

Wir dürfen nicht vergessen, daß es die Mehrzahl der Deutschen schon in den Jahren vor dem Kriege geschehen ließ, daß Juden zu Untermenschen erklärt wurden und daß viele von ihnen sich an Pogromen (wie der »Kristallnacht« von 1938) aktiv beteiligten. Diese Feststellung mag für die meisten Deutschen heute schwer zu ertragen sein, aber sie entspricht den Tatsachen. Sie zu leugnen hieße, seine Erinnerung und damit seine Gefühle für die Opfer der eigenen Gleichgültigkeit zu verdrängen.

Auch wer heute jung ist, kann nicht geschichtslos leben; so wenig wie der nach dem Krieg Geborene kann er sich der Auseinandersetzung mit der Frage entziehen, wie es in einer menschlichen Gesellschaft jemals zu Auschwitz kommen konnte. Je mehr die Verleugnung sich auf alle Anlässe für Schuld und Sühne erstreckt, um so mehr führt diese Abwehrhaltung zu einer Lern- und Gefühlsunfähigkeit, welche die eine Generation an die nächste weitergibt.

Mit dem Verdrängen der nationalsozialistischen Vergangenheit geht auch die Beziehung zu wichtigen Traditionen und geistigen Errungenschaften der tausendjährigen deutschen Geschichte verloren. Daß Deutschland eine Kulturnation von hohem Rang war, ist mit der Verdrängung unserer jüngsten Vergangenheit bei vielen Deutschen in Vergessenheit geraten. Mit den falschen haben wir auch die erinnerungswürdigen Werte und Ideale aus den Augen verloren. Irgendwie ist nichts mehr von wirklicher Bedeutung oder bleibendem Wert, außer dem Geld natürlich. Im tieferen Seelengrund scheinen wir den Glauben an uns selber verloren zu haben.

Viele der grauenhaften Wertvorstellungen der Hitler-Ära beruhten freilich auch auf wohlangesehenen Traditionen und Idealen, auf typischen Verhaltensweisen einer seit langem autoritätsgläubigen – Ordnung, Gehorsam und Sauberkeit als »Moral« verkennenden – Gesellschaft. Der von der Autorität ausgehende Zwang zur Unterordnung weckt bekanntlich bei den Unterdrückten nicht nur masochistische Lust, sondern auch heftige Aggressionen, die aus Angst vor Strafe verdrängt und mit Hilfe von Idealisierungen in ihr Gegenteil verkehrt werden. Als Folge davon haben sich in Deutschland Idealisierung und Aggression besonders eng miteinander verzahnt.

Als Beispiel für diese Mischung von Aggression und Idealisierung, in der so etwas wie Liebe im Sinne von Einfühlung und mitmenschlicher Fürsorge keine Chance hat, mag im Film »Spiel um Zeit« die Episode um die Lagerführerin Maria Mandel dienen: Als sie für ein Kind aus einem Vernichtungstransport eine intensive Zuneigung empfindet und sich seiner annimmt, besinnt sie sich – darauf angesprochen – nach einiger Zeit inneren Zauderns ihrer

»Pflicht« und überläßt das geliebte Kind dem Tod in der Gaskammer. Auch dieses Verhalten gehört in das Umfeld der grauenerregenden Mentalität deutscher »Heldenmütter«, die ihre Söhne (bereits im Ersten Weltkrieg) mit stolz erhobenem Haupt Führer (Kaiser) und Vaterland geopfert hatten.

Ein weiteres Beispiel für Idealisierung, in der sich das Opfer mit dem Aggressor identifiziert, ist die Leiterin des Orchesters, Alma Rosé. Ihr liegt es vor allem daran, gute Musik zu machen und vor den höheren SS-Führern mit besonderen Leistungen zu glänzen. Als ihr die Möglichkeit geboten wird, das Lager zu verlassen, um mit ihrer großen musikalischen Begabung deutsche Soldaten zu erfreuen, nimmt sie das Angebot mit Begeisterung an. Sie ist – obwohl Jüdin und obwohl sie von der Menschenvernichtung in Auschwitz und Birkenau erfahren hat – im Grunde mit dem, was sie als »deutsche Kultur« idealisiert und für deren Bestand sie eintreten will, nach wie vor völlig identifiziert.

Es ist schwer, sich in die Gefühle von Menschen zu versetzen, die täglich, anscheinend ohne seelischen Schaden daran zu nehmen, Menschen erfrieren und verhungern lassen, die ihresgleichen schlagen, erniedrigen, foltern und in einen elenden Tod treiben. Gewiß, Folter und Erniedrigung von Menschen an Menschen gab es zu allen Zeiten. Aber in den KZs wurde der kalte, wohlorganisierte Völkermord planmäßig ausgeführt. Das gab es in dieser Form bisher noch nicht. Was sind das für Menschen, die sich für solche Untaten zur Verfügung stellen? Sie begeistern sich für Musik, sind voller Sentimentalität, sie beten ihre Kinder, ihre Vögel und Hunde an, sind hingebungsvolle Familienväter, drehen sich um und widmen sich kaltblütig und zynisch ihrer Vernichtungsarbeit, die sie als Dienst am tausendjährigen Nazi-Reich idealisieren. Die Erfüllung der Dienstvorschriften scheint bei der Durchführung der von oben empfangenen

Befehle häufig die Hauptsache gewesen zu sein. Diese Art Menschen bilden eine trostlose seelische Mischung von Sentimentalität, Engstirnigkeit, Grausamkeit, falschem Idealismus, verbunden mit bürokratischer Zwanghaftigkeit und einem Sauberkeitswahn: Jüdisches Ungeziefer, unwertes »schmutziges« Leben, das die Welt verseucht, muß vernichtet werden.

Hier nähern wir uns der aktuellen Problematik von Bürokratien, mit denen wir es täglich zu tun haben. Im Namen angeblicher formaler Notwendigkeit von Ordnung und Vorschriften oder von sogenannten »Sachzwängen« können nach wie vor Macht- und Rachebedürfnisse sadistisch, kalt und einfühlungslos befriedigt werden. Das ist Teil des alltäglichen Lebens, läßt sich aber natürlich besonders wirksam an den Schwachen der Gesellschaft, z. B. den »schmutzigen« Asylanten und Fremdarbeitern, praktizieren, die zu allem anderen noch unser Geld »kosten«.

Es ist offenbar ohne besondere seelische Schwierigkeit möglich, gemeinsame Schuld und die von ihr ausgelösten Gewissensqualen abzuwehren, wenn das im Kollektiv eines Volkes oder im Rahmen von Institutionen geschieht. Im Jahre 1950, nach einer Reise durch Deutschland, schrieb Hannah Arendt:

»Nirgends wird der Alptraum von Zerstörung und Schrecken weniger verspürt und nirgendwo wird weniger darüber gesprochen als in Deutschland. Überall fällt einem auf, daß es keine Reaktionen auf das Geschehene gibt, aber es ist schwer zu sagen, ob es sich dabei um eine irgendwie absichtliche Weigerung zu trauern oder um den Ausdruck einer echten Gefühlsunfähigkeit handelt.«

Die Autorin stellte schon damals fest – was sich bis heute regelmäßig wiederholt, z. B. in den Diskussionen nach Filmen über die Nazi-Zeit und über die Menschenvernichtung in den Konzentrationslagern –, daß die Deutschen die Leiden der anderen mit den eigenen aufrechnen. Damit wird Auschwitz bis heute quasi *ad acta* gelegt: Man sollte doch endlich die Vergangenheit ruhen lassen, so heißt es, und über die Probleme der Gegenwart reden oder erkennen, daß die Geschichte nun einmal überall voller Grausamkeit ist, war und sein wird.

An der Verdrängung und der Neigung zur Derealisierung der Wirklichkeit des Krieges und des NS-Regimes und seiner Folgen, wie sie Hannah Arendt beschreibt, hat sich bis in die bundesdeutsche Gegenwart wenig verändert. »Aber der wohl hervorstechendste und auch erschreckendste Aspekt der deutschen Realitätsflucht liegt in der Haltung, mit Tatsachen umzugehen, als handele es sich um bloße Meinungen«, so Hannah Arendt.

Durch die Unfähigkeit oder die Abwehr, zwischen Tatsachen und Meinungen zu unterscheiden, fühle man sich erdrückt, erdrückt von einer um sich greifenden öffentlichen Dummheit, der man kein korrektes Urteil in den elementarsten Dingen mehr zutrauen könne. Hier beschreibt Hannah Arendt bereits 1950, was Alexander Mitscherlich und ich 1967 als manische Abwehr der Deutschen – mit Hilfe der Verleugnung der Wirklichkeit und eines hektischen Wiederaufbaus – diagnostiziert haben. »Und man möchte aufschreien – aber das ist doch alles nicht wirklich – wirklich sind die Ruinen; wirklich ist das vergangene Grauen, wirklich sind die Toten, die Ihr vergessen habt. Doch die Angesprochenen sind lebende Gespenster, die man mit den Worten, mit Argumenten, mit dem Blick menschlicher Augen und der Trauer menschlicher Herzen nicht mehr rühren kann« (Hannah Arendt).

Die Konfrontation mit den falschen Idealen und Werten, dem Entsetzen und dem Wahn unserer jüngsten Vergangenheit und deren Folgen, vor denen wir bis heute fliehen, bleibt uns dennoch nicht erspart, wenn wir nicht für alle

Ewigkeit zu »Gespenstern« werden wollen, d. h. zu Opfern einer manischen Abwehr, die die Wirklichkeit der Vergangenheit verleugnen und für die nur der Wiederaufbau, der »Fortschritt«, das blinde Rasen nach Geschäft und Geld eine Rolle zu spielen scheint.

10. Leben an der Grenze – Anmerkungen zur Verleihung eines Kulturpreises*

Den Kulturpreis der Stadt Flensburg zu ihrem 700jährigen Bestehen nehme ich dankbar an. Sich Preisverleihungen »auszusetzen«, ist für manche Menschen nicht einfach. Diesmal fiel mir der Entschluß dazu leichter, als es sonst vielleicht der Fall gewesen wäre, weil ich wußte, daß ich den Preis aus den Händen einer Frau annehmen würde. Das versprach – ich will Sie, meine Herren, nicht kränken – dem sonst oft von traditionsbewußt ernsthaften Männern geprägten Feierlichkeiten ein neues Element hinzuzufügen. Als ich Frau Stadtpräsidentin Groß persönlich kennenlernte, bestätigte sich diese Annahme. Kurz vor unserer ersten Begegnung war nämlich eine fiktive, im doppelten Wortsinn »ungehaltene« Rede vor dem Deutschen Bundestag von mir publiziert worden, die bei manchen Zeitgenossen Aufsehen und Empörung erregte, weil darin die Politik der jetzigen Regierung, insbesondere was die Situation der Frau in Familie und Gesellschaft anbetrifft, mit den Augen einer kritischen Frau betrachtet wurde, was nicht gerade schmeichelhaft für die Angesprochenen war. Ich nahm deswegen zunächst an, daß Frau Groß, als Mitglied der CDU, ihr Angebot, mir den Kulturpreis der Stadt Flensburg zu verleihen, zurückziehen würde. Nichts dergleichen: Sie wußte offenbar zuviel von dem Leben einer Frau in unserer Gesellschaft, um meinen Standpunkt nicht zu verstehen, und konnte sich deswegen über meine polemischen Äußerungen

* am 24. 5. 1984.

amüsieren. Offenbar fehlte es ihr nicht an Humor und Selbstironie, und offensichtlich besitzt sie die Fähigkeit zu nüchterner Realitätswahrnehmung. In einer männlichen Öffentlichkeit Fuß zu fassen – und hier spreche ich auch aus eigener Erfahrung –, ist einer Frau nur selten vergönnt, noch dazu einer Frau mit den oben erwähnten Eigenschaften. Denn Frauen nehmen – wie Sie alle wissen – in Politik, Wirtschaft und Wissenschaft nur in Ausnahmefällen leitende Positionen ein, was einer der Gründe dafür sein mag, daß es bei offiziellen Feierlichkeiten so steif zuzugehen pflegt.

Als ich in dieser Stadt das Oberlyzeum besuchte, in dem ich – nach Überwindung einiger Widerstände gegen meine Zulassung – das Abitur im Jahre 1937 bestand, waren Eigenschaften wie Humor und Ironie geradezu tabuisiert. Dafür waren Führer- und Heldenverehrung, nationale Selbstidealisierung obligatorisch. Die deutschen Männer waren so männlich wie nie zuvor (was immer, damals und heute, unter Männlichkeit verstanden werden mag), und Frauen »rangierten«, wenn ich das so lapidar ausdrücken darf, knapp vor den Kühen. Ich erinnere nur an die Aktion »Lebensborn«. Frauen waren dazu da, dem Führer Gefolgsleute und Soldaten zu gebären, ihm zuzujubeln und dem deutschen Mann zu dienen. »Frauen zurück an den Herd, als aufopfernde Mütter einer möglichen kinderreichen Familie«, das war die Parole jener Zeit. Sie besaß freilich nur so lange Gültigkeit, bis Frauen massenhaft als Arbeiterinnen in die Rüstungsfabriken abkommandiert wurden oder an anderer Stelle die durch den Krieg ausfallenden Männer zu ersetzen hatten. Die »Mutterkreuz-Ideologie« blieb jedoch bestehen, und die deutschen »Heldenmütter« unserer unglücklichen jüngsten Vergangenheit trugen zu deren perverser Inhumanität bei.

In einer solchen Zeit in Flensburg Abitur machen zu wollen, war nicht ganz einfach, wenn man diese Ideologie nicht teilte oder gar gelegentlich Lust empfand, darüber zu lachen. Ich hatte das Glück, in Dr. Anni Meetz eine Lehrerin zu haben, die uns mit der Vielfalt, der Differenziertheit, dem Humor und der Ironie der deutschen und internationalen Literatur bekannt machte und uns junge Frauen dadurch weitgehend gegen den Einfluß der primitiven, ja wahnhaften Eingleisigkeit immunisierte, die das Denken des damaligen Regimes beherrschte.

In der Erinnerung an diese Flensburger Zeit, die so prägend für mein weiteres Leben war, findet sich eine weitere glückliche Schicksalsfügung – nämlich meine Bekanntschaft mit dem Flensburger Polizeipräsidenten Fulda und seiner Familie. Konrad Fulda war aus der Weimarer Republik von den Nazis übernommen und bis 1937 im Amt belassen worden. Das war wohl nicht zuletzt darauf zurückzuführen, daß er es verstanden hatte, mit dem dänischen Nachbarn gute und vertrauensvolle Beziehungen herzustellen. Natürlich wurden ihm nach der Machtübernahme Hitlers große Schwierigkeiten gemacht, die ich aber damals in ihrer Tragweite nicht genügend einschätzen konnte. Dabei hat er in einer Zeit, in der er selbst in Gefahr war, mir, die über Jahre quasi als Tochter in seinem Haus lebte, nie vorgeworfen, ihm seine Situation noch zusätzlich zu erschweren, als ich gemeinsam mit einigen Freundinnen meinen Spott und meine Ablehnung gegenüber der herrschenden Ideologie ziemlich leichtfertig äußerte und wegen politischer »Unzuverlässigkeit«, wie es damals hieß, in der Schule Schwierigkeiten bekam. Im Hause der Fuldas konnte ich die »Drei-Groschen-Oper« hören und Freud lesen, auch wenn ich von der Psychoanalyse sicherlich damals noch nicht allzuviel verstand. Es war eine Familie, in der noch im Dritten Reich humane deutsche Weltläufigkeit in bestem Sinne zu Hause war. Ich freue mich besonders darüber, daß sich mir heute die Gelegenheit bietet, meine Dankbarkeit für diese, mein Leben bereichernden Freundschaften meiner Flensburger Vergangenheit zum Ausdruck zu bringen.

Doch zurück zur Gegenwart! Noch heute haben Frauen die größte Mühe, sich sozusagen als gleichberechtigte Mitmenschen durchzusetzen. Um das zu erreichen, ist Tarnung offenbar nach wie vor vonnöten. Das wurde mir wieder bewußt, als ich den Briefkopf genauer betrachtete, in dem Sie, Frau Stadtpräsidentin, bei mir anfragten, ob ich bereit wäre, den ehrenden Kulturpreis der nunmehr seit 700 Jahren bestehenden schönen Stadt Flensburg anzunehmen. Dort stand: »Der Stadtpräsident«, obwohl es sich bereits seit fünf Jahren um eine Stadtpräsident*in* handelt.

Sie sehen, meine Damen und Herren, so geht es uns Frauen allenthalben, wir können quasi nur mit Hilfe eines »Trojanischen Pferdes« in Städte oder sonstige männliche Festungen eindringen. Bei einem solchen Unternehmen zu helfen, indem ich als Frau aus den Händen einer Stadtpräsidentin den Kulturpreis der alten, ehrwürdigen, bisher weitgehend von Männern regierten Stadt Flensburg entgegennehme, das ist mir – verzeihen Sie mir das bitte, meine Herren! – in der Tat ein besonderes Vergnügen.

Nun ist diese Veranstaltung als eine deutsch-dänische gedacht, das heißt, mit ihr verbindet sich der Wunsch nach Kontakt zum nördlichen Nachbarn, zu einem Land also, das seit der Eroberung der Düppeler Schanzen durch preußische Truppen 1864 ein eher gespanntes Verhältnis zu seinem südlichen Nachbarn unterhält, das sich auch nach der Abstimmung von 1920 nur kurzfristig und oberflächlich besserte. Der Zweite Weltkrieg und die Besetzung Dänemarks nach dem deutschen Angriff vom 9. April 1940. haben die Möglichkeit einer freundschaftlichen Beziehung zwischen beiden Ländern über lange Zeit zunichte gemacht.

Erlauben Sie mir, in diesem Zusammenhang einige persönliche Worte über meine eigene deutsch-dänische Herkunft und deren Schwierigkeiten zu äußern. Wer wie ich in Nordschleswig oder Sönderjylland geboren wurde – wie immer man das Gebiet, das nach der Abstimmung 1920 wieder zu Dänemark gehörte, je nach nationaler Zugehörigkeit zu nennen pflegt –, weiß, welchen Einfluß die Grenzsituation auf jeden dort lebenden Menschen ausübte und vielleicht heute noch ausübt. Wer außerdem eine aus Deutschland stammende Mutter und einen Vater hatte, der aus einer seit Generationen national denkenden dänischen Familie kam, der mußte sich schon als Kind in besonderem Maße mit gegensätzlichen Weltanschauungen, Parteinahmen und Idealen auseinandersetzen.

Meine Eltern überließen es uns Kindern, sich zu entscheiden, zu welcher nationalen Gruppe sie gehören wollten. Ich identifizierte mich mit meiner deutschen Mutter, die ich sehr liebte; mein Bruder fühlte sich, wie mein Vater, als Däne. Die kindliche Überzeugung, daß die Deutschen die besseren Menschen seien, konnten mir erst die Ereignisse und Erlebnisse während der Zeit des Dritten Reiches schmerzlich und endgültig austreiben. Für meinen Vater war dagegen Hitler mit Beginn seiner politischen Laufbahn »nichts als ein Verbrecher«. Ich möchte hier keine Zensuren über deutsche und dänische Mentalität ausstellen, aber eines fiel mir auf, als ich 1932 nach Flensburg übersiedelte, um das hiesige Oberlyzeum zu besuchen: Humor und vor allem selbstironisches Sich-in-Frage-Stellen war in Deutschland weniger zu Hause als in dem Land, aus dem ich kam.

Die Entscheidung, die man als Kind trifft, die Prägung, die man dabei erfährt, scheint oft lebenslängliche Wirkung zu haben. Jedenfalls bin ich nach längerem Aufenthalt in anderen Ländern immer wieder nach Deutschland zurückgekehrt, auch wenn mir jeder Nationalismus fremd geworden ist. In meiner Kindheit lernte ich beide Sprachen, deutsch und dänisch, und lieh mir, da ich schon früh viel und gern las, aus beiden in Graasten (oder Gravenstein) vorhandenen Bibliotheken, der deutschen und der dänischen, Bücher aus, um meinen Lesehunger zu befriedigen. Da fast alle bekanntere Literatur ins Dänische übersetzt wurde und wird, hatte ich auch während des Krieges Zugang zu den in Deutschland verbotenen oder nie erschienenen Bücher. Als Kind war es oft mühsam, sich von zwei gegensätzlich denkenden – was nationale Gesinnung betraf – Elternteilen bestimmt zu sehen und dennoch das Gefühl einer inneren Sicherheit aufzubauen. In meiner Jugend war es nicht selten so: Kaum hatte ich mich mit einem Teil der Familie, deren Freunden und Freundinnen identifiziert, kam ich mit dem anderen Teil in Berührung, der völlig andere Meinungen und Positionen vertrat.

Ich meine, daß sich auf diese Situation – nämlich von früh an mit zwei oft gegensätzlichen Weisen zu denken, zu fühlen und zu bewerten, konfrontiert zu sein – meine Berufswahl zurückführen läßt. Denn von einer Psychoanalytikerin wird ja eben das verlangt, was mir die Grenzlandsituation abforderte, sich einerseits mit seinen Patienten zu identifizieren, sich in sie einzufühlen und sich andererseits von ihnen zu distanzieren, d. h. sie zu verstehen und ihnen gleichzeitig die unbewußten Motive ihres Verhaltens nahezubringen, um sie zu befähigen, sich selber und ihre mitmenschlichen Beziehungen anders und neu wahrzunehmen.

So kann auch das Leben in einem Grenzland in mancher Hinsicht eine Herausforderung dafür sein, sich in Andersdenkende einzufühlen, unterschiedliche Bewertungen und nationale Vorlieben gegeneinander abzuwägen oder sie nebeneinander bestehen zu lassen, ohne dabei in Angst zu geraten, die eigene Identität zu verlieren. Eine Toleranz für Andersdenkende zu entwickeln, ist schließlich die Grundlage jeder humanen Gesinnung.

Toleranz bedeutet aber nicht, für alles Verständnis zu haben und alles zu verzeihen. Sie bedeutet auch nicht, daß ein Mensch seine mühsam durch langes Nachdenken erworbenen Urteile und Überzeugungen angesichts der Meinungen und Überzeugungen anderer ohne weiteres aufgeben sollte. Grenzlandsituationen provozieren andere Möglichkeiten, sich zu verhalten: Einerseits grenzen nationale Gruppen und Individuen sich gegeneinander ab, idealisieren sich selbst und verteufeln die jeweils anderen. Wenn die Furcht überwiegt, daß die eigenen Ideale durch Nachdenken ins Wanken geraten und damit die eigene Identität, die Selbstsicherheit, die man aus der Zugehörigkeit zu einer Gruppe bezieht, gefährdet werden, so kann das zu dem führen, was Alexander Mitscherlich die »anerzogene Dummheit« genannt hat. Das Vorurteil verhindert dann kritische Reflexion. Eigene Probleme und Gefühle werden verschoben, projiziert oder verleugnet; man braucht Sündenböcke, um sich nicht mit den eigenen Konflikten oder Konflikten überhaupt auseinandersetzen zu müssen. Aggressionen und Fehlverhalten nimmt man nur in der jeweils anderen Gruppe wahr, die man deswegen ohne Schuldgefühle verfolgen und bekämpfen kann oder gar glaubt, verfolgen zu müssen. Die paranoide oder elitäre Abgrenzungssucht, die Sündenbocksuche, die Neigung, eigene abgewehrte aggressive Anteile auf »Feinde« zu verschieben, andere Völker und Denkweisen zu entwerten, hat uns immer wieder ins Unglück der Kriege gestürzt.

Eine Grenzlandsituation birgt viele solcher Gefahren in sich, aber andererseits die Möglichkeit einer kulturellen und menschlichen Bereicherung. Wer jedoch gewohnt ist, seine Selbstsicherheit aus der Identifikation mit einer Gruppe zu beziehen, in Konformität mit anderen zu handeln, den kann das tägliche Konfrontiertsein mit gegensätzlichen Einstellungen, zweierlei Kulturen, zweierlei Sprachen im direkten und indirekten Sinne daran hindern, einen eigenen Standpunkt zu entwickeln, mit der Folge, daß er ein schwankendes Rohr im Winde der unterschiedlichen Meinungen bleibt. Die Fähigkeit, selbständig zu urteilen und zu handeln, eine »starke« Persönlichkeit zu entwickeln, läßt sich aber manchmal nur mühsam unterscheiden von dem Verhalten solcher Individuen und Gruppen, die starr ihre Meinungen und Vorurteile verteidigen und zur Einfühlung in Anders-Denkende unfähig sind. Solche Menschen erleben in der Regel andere Kulturen und Denkarten als bedrohlich. Alternatives Denken, ohne dabei den eigenen Standpunkt zu verlieren, erfordert eine beständige seelische Anstrengung, der leider allzu viele ausweichen. Die Feindseligkeit der Menschen, ihre aggressive Vorurteilssucht bedarf der Bewußtmachung der diesem Verhalten zugrunde liegenden Motive. Andernfalls besteht die Gefahr, daß wir unseren blinden Destruktionen erliegen.

Wenn ich vorhin sagte, daß die Prägung, die man als Kind erfährt, und die damit verbundenen Wünsche und Sehnsüchte oft lebenslängliche Wirkung auf uns haben, so bin ich mir bewußt, und möchte es nicht unerwähnt lassen, daß viele von Ihnen, die inzwischen Flensburger Bürger geworden sind, in die Heimat ihrer Kindheit nicht zurückkehren können, daß sich Sehnsüchte, die Sie vielleicht noch heute hegen, nicht mehr erfüllen lassen. Als ehemalige Flüchtlinge haben Sie es nicht nur mit der Grenzlandsituation, mit den seit langer Zeit bestehenden Unterschieden zwischen dänischer und deutscher Mentalität, der Auseinandersetzung zwischen dänischer und deutscher Kultur und Nationalität zu tun, sondern auch mit Landsleuten, die Ihnen in ihrem Denken und Verhalten in manchem fremd sind. Für Sie wird, so nehme ich das wenigstens für die ältere, hier anwesende Generation an, das Problem des Sich-Abgrenzens, des Sich-Einengens oder der chamäleonhaften Anpassung oder auch der Öffnung für neue Denk- und Verhaltensmöglichkeiten besonders schwer zu lösen sein. Die jüngere Generation empfindet das alles wahrscheinlich ganz anders. Ihr ist das Leben in einer pluralistischen Gesellschaft vertrauter, sie denkt, so hoffe ich wenigstens, weltläufiger und europäischer, als es in meiner, der älteren, Generation der Fall gewesen ist.

Von jeher war es das Interesse der Psychoanalyse, die unbewußten Motive für destruktives Verhalten, für die Neigung, Feindbilder zu entwickeln und Sündenböcke zu suchen, aufzuklären. Wir hoffen, damit zur Entwicklung und Verbreitung menschlicher Solidarität über die nationalen Grenzen hinaus beizutragen. Als jemand, der in diesem Grenzland die Probleme des Anders-Denkenden ernst zu nehmen gelernt hat und davon ein Leben lang beeinflußt gewesen ist, freue ich mich besonders, mit der Verleihung des Kulturpreises der Stadt Flensburg Verständnis für diese Bemühungen gefunden zu haben.

Epilog
Trauer über das Versäumte?

Ist es müßig, sich vorzustellen, wie die Gesellschaft der Deutschen beschaffen wäre, hätte sie sich nach dem Kriege tatsächlich der schmerzlichen Mühe unterzogen, ihre blutige Vergangenheit trauernd zu bearbeiten, statt sie verdrängend zu »bewältigen«? Die Deutschen haben es ja nicht getan, und sie werden es vermutlich auch nicht tun, schon weil diejenigen, deren Aufgabe es wäre, langsam, aber sicher den Weg allen Lebens gehen. Niemand steigt zweimal in denselben Fluß. Das Versäumte ist nicht nachholbar – oder vielleicht doch? Vermutlich würde aber die westliche Staatengemeinschaft an einen kollektiven Wahn, womöglich kommunistischen Ursprungs, denken, sollte die Mehrheit der Bundesdeutschen sich doch noch ihrer Nazi-Vergangenheit zuwenden und ihr intensive Erinnerungsarbeit widmen.

Wenn ich versuche, mir eine deutsche Gesellschaft vorzustellen, die nach dem Krieg ihre gesamten Energien nicht darauf verwandt hätte, das vielgerühmte »Wirtschaftswunder« hervorzubringen, sondern sich, in Schmerz und Trauer innehaltend, mit den Verlusten an Menschen und Menschlichkeit auseinandergesetzt hätte, die mit der allseits akklamierten Nazi-Herrschaft verbunden waren, so versuche ich dies nicht, weil ich der Hoffnung wäre, ein solches »Szenario« könne den allgemeinen Verdrängungsstrom beeinflussen, sondern weil ich denke, daß einige Leser vielleicht in Trauer über die versäumte Trauerarbeit geraten könnten und den Wunsch verspürten, dies nachzuholen. Denn auch das Versäumte ist ein Verlust, den zu betrauern von größter Bedeutung für die Zukunft wäre. Hätten die Deutschen sich nach dem Krieg nicht sofort, um Schuld- und Schamgefühle abzuwehren, mit den Siegermächten – die Westdeutschen mit den Amerikanern, die Ostdeutschen mit den Sowjets – identifiziert und nicht alles daran gesetzt, um als Musterschüler zu glänzen, dann hätten sie sich vermutlich keinem der Macht- und Militärblöcke angeschlossen und es zu verhindern gewußt, daß ihre Territorien, das westliche und das östliche, zu waffenstarrenden Grenzfestungen wurden, die im Ernstfall und beim atomaren Schlagabtausch ausgelöscht werden. Vielleicht – aber auch das ist keineswegs sicher – stände die Bundesrepublik dann nicht an der Spitze der westlichen Wohlstandsgesellschaften, sondern müßte sich mit einem der mittleren Plätze zufrieden geben.

Mit ziemlicher Sicherheit wäre aber ein so beschaffenes Deutschland, eingedenk seiner jüngsten Vergangenheit, nicht wieder zu einem der führenden Militärstaaten der Welt geworden, zu einem Staat mit einer hochgerüsteten Land-, See- und Luftstreitmacht, deren Führungskader sich bis vor kurzer Zeit personell und ideologisch aus dem der deutschen Wehrmacht rekrutierte. Landesverteidigung, wenn denn nötig und nicht herbeigerüstet, läßt sich, bewaffnet, auch mit Milizen und, friedlich, mit gewaltlosem Widerstand bewerkstelligen, sofern die Bevölkerung hinreichend motiviert und von der Verteidigungswürdigkeit des Gemeinwesens überzeugt ist, was heute nur sehr begrenzt der Fall ist, trotz aller Sattheit.

Wäre die sogenannte Stunde Null tatsächlich ein Neubeginn gewesen, dann hätten die Deutschen vor allem zu verhindern versucht, daß Anhänger, Mitläufer und Nutznießer des nationalsozialistischen Terrorregimes wieder in leitende Funktionen von Wirtschaft und Kultur, Verwaltung und Politik aufrückten. Doch wenige Jahre nach Ende des Krieges

hatten sich in allen gesellschaftlichen Bereichen wieder Führungskräfte breitgemacht, die bereits unter den Nazis verantwortliche Aufgaben für »Volk und Vaterland« übernommen hatten.
Das bundesdeutsche Rechtswesen ist ein trauriges Beispiel für den bruch- und nahtlosen Übergang von einer rassistischen Herrenmenschen-Diktatur zu einer scheinbaren parlamentarischen Demokratie. Ein wirklich erneuertes Rechtswesen hätte sich nicht der beschämenden Verschleppung von Massen- und Völkermords-Prozessen schuldig gemacht. Aber was damals rechtens war, kann doch heute nicht Unrecht sein? Diese »Rechtsauffassung« Filbingers wird von vielen Deutschen geteilt, trotz der fünfzig Millionen Toten.
Ein rechtlich, kulturell und politisch »saniertes« Staats- und Gesellschaftswesen würde nicht bei jeder größeren Demonstration in hektische Abwehr- und Vereitelungsaktivität verfallen und nicht bei jedem wirrköpfigen Terrorakt in hysterische Fahndungsorgien polizeistaatlichen Charakters hineintreiben. Ein neugeordnetes, »gereinigtes« Gemeinwesen könnte sich im sicheren Gefühl des Wohlwollens und der Unterstützung seiner Angehörigen voller Gelassenheit aller radikalen Anfechtungen erwehren, die wahrscheinlich kaum noch in Erscheinung treten würden. In einer solchermaßen erneuerten Kulturgesellschaft könnte sich wirkliche Meinungsfreiheit in allen ihren Äußerungsformen entfalten und blühen, denn nur wo Meinungen unterdrückt werden, entladen sie sich in Gewalttätigkeiten verbaler und physischer Art.
Ein neues Deutschland hätte sich, schaudernd vor der jüngsten Vergangenheit und nachdenkend über die Jahrhunderte alte deutsche Geschichte, um Gleichheit, Gleichberechtigung und sozialen Ausgleich bemüht und hätte die erneute Herausbildung von Machteliten und -cliquen verhindert.

Die Exzesse der Macht einer von rassistischen, gewalttätigen, zu Selbstkritik unfähigen, von Männern beherrschten Gesellschaft noch vor Augen, hätte eine neue Gesellschaft in ihrem Bestreben nicht nachgelassen, die eigene Ideologie auf ihre falschen Werte zu untersuchen.

Die Unterdrückung der Frau, die Gleichgültigkeit gegenüber ihrer Art des Denkens, Wahrnehmens und Erlebens wäre einer Einfühlungsbereitschaft und gegenseitigen Lernfähigkeit gewichen. Sogar Humor und Selbstironie – in Deutschland wenig beheimatet – hätten sich so entwickeln können. Das Wirtschafts- und Arbeitsleben, bislang geprägt vom Recht des Stärkeren und Skrupellosen, wäre durch den Einfluß einer gemeinsamen Anstrengung von Mann und Frau neu geordnet worden. Rechtliche Gesichtspunkte, auf Einfühlung in den Mitmenschen, auf Gleichberechtigung und Toleranz für den Andersdenkenden beruhend, hätten sich heilsam auf eine rigide paragraphenbezogene Rechtsauslegung ausgewirkt.

Ein neues Deutschland hätte sich freilich nicht in eine »splendid isolation« zurückgezogen, im Gegenteil, es hätte alle politischen und diplomatischen Anstrengungen unternommen, seine kulturellen und sozialen Vorstellungen zu verbreiten. Es hätte sich strikt geweigert, in kriegerische Auseinandersetzungen verwickelt zu werden oder von Bürgerkrieg heimgesuchte Länder direkt oder indirekt zu unterstützen und um des eigenen Profits oder sogenannter Bündnistreue wegen die militärische Aufrüstung anderer Länder, gleich welcher politischen Couleur, zu fördern. Es hätte seinen Ehrgeiz daran gegeben, möglichst viele Spannungsherde zu beseitigen und die an gewalttätigen Auseinandersetzungen Beteiligten von der Sinnlosigkeit und Unmenschlichkeit ihres Handelns zu überzeugen. Ein anderes Deutschland hätte seine jüngste Geschichte zum Anlaß genommen, fortan keine Anstrengung zu scheuen, um einen

– dem Männlichkeitswahn unterworfenen – Wiederholungszwang von Paranoia, Gewalt und Verdrängung zu durchbrechen. Es hätte in gemeinsamer Denkarbeit von Mann und Frau einen inneren statt nur einen äußeren Wiederaufbau betrieben.

Literaturverzeichnis

Abraham, Karl (1922): Brief vom 13.3. In: Sigmund Freud – Karl Abraham. *Briefe 1907–1926.* Hrsg. v. Hilde C. Abraham u. Ernst L. Freud.
Adorno, Theodor W. u. Mitarb. (1953): *Der autoritäre Charakter.* 2 Bde. Amsterdam 1968.
Arendt, Hannah (1950): *Zur Zeit. Politische Essays.* Berlin 1986.
Augstein, Rudolf (1986): Die »neue Auschwitzlüge«! In: *Der Spiegel* v. 16.10.

de Beauvoir, Simone (1972): *Eine gebrochene Frau.* Reinbek b. Hamburg.
–, (1983): *Zeremonie des Abschieds.* Reinbek b. Hamburg.
Bidenkopf, Kurt (1981): Rückzug aus der Grenzsituation. In: *Die Zeit* v. 30.10.
Blöcker, Günther (1982): Rez. v. M. Reich-Ranicki (Hrsg.): *Meine Schulzeit im Dritten Reich.* Köln 1982. In: FAZ v. 13.11.

Dahmer, Helmut (1982): In memoriam Alexander Mitscherlich. In: *Psyche 36*, S. 1071 ff.
–, (1983): Kapitulation vor der »Weltanschauung«. In: *Psyche 37*, S. 1116 ff.
Deutscher, Tamara (1980): Vorwort. In: Isaak Deutscher: *Reportagen aus Nachkriegsdeutschland.* Hamburg.
Dobberthien, Marliese (1986): Kommentar. In: *Informationen für die Frau.* Nr. 7/8.

Einstein, Albert (1953): Brief an die Jewish Peace Fellowship. In: O. Nathan u. H. Norden (Hrsg.): *Über den Frieden.* Bern 1975.
Erdheim, Mario (1982): *Die gesellschaftliche Produktion von Unbewußtheit.* Frankfurt a. M.
Erikson, Erik H. (1969): *Gandhis Wahrheit: über die Ursprünge der militanten Gewaltlosigkeit.* Frankfurt a. M. 1978.

Faßbinder, Rainer Werner (1981): *Der Müll, die Stadt und der Tod.* Frankfurt a. M.
Freud, Sigmund (1900): *Die Traumdeutung.* In: GW, Bd. 2/3. S. Fischer Verlag, Frankfurt a. M. Seit 1960.
–, (1905): *Drei Abhandlungen zur Sexualtheorie.* In: GW, Bd. 5.

–, (1914): Weitere Ratschläge zur Technik der Psychoanalyse: II. Erinnern, Wiederholen und Durcharbeiten. In: GW, Bd. 10.
–, (1917): Trauer und Melancholie. In: GW Bd. 10.
–, (1920): *Jenseits des Lustprinzips.* In: GW, Bd. 13.
–, (1921): *Massenpsychologie und Ich-Analyse.* In: GW, Bd. 13.
–, (1923): *Das Ich und das Es.* In: GW, Bd. 13.
–, (1920): Das Unbehagen in der Kultur. In: GW, Bd. 14.
–, (1931): Über die weibliche Sexualität. In: GW, Bd. 14.
–, (1933): *Neue Folge der Vorlesungen zur Einführung in die Psychoanalyse.* Darin: Angst und Triebleben. In: GW, Bd. 15.
Fühmann, Franz (1982): Den Katzenartigen wollen wir verbrennen. In: M. Reich-Ranicki (Hrsg.): *Meine Schulzeit im Dritten Reich. Erinnerungen deutscher Schriftsteller.* Köln.

Greiner, Ulrich (1976): Wolfgang Koeppen oder die Geschichte eines Mißerfolges. In: U. Greiner (Hrsg.): *Über Wolfgang Koeppen.* Frankfurt a. M.

Habermas, Jürgen (1983): *Moralbewußtsein und kommunikatives Handeln.* Frankfurt a. M.
Heinrich, Bernhard (1982): Nachruf auf Nahum Goldmann. In: FAZ v. 31.8.

Kardiner, Abram (1945): *The psychological frontiers of society.* New York, N.Y.
Koeppen, Wolfgang (1934): *Eine unglückliche Liebe.* Frankfurt a. M. 1977.
–, (1935): *Die Mauer schwankt.* Frankfurt a. M. 1983.
–, (1951): *Tauben im Gras.* Frankfurt a. M. 1974.
–, (1953): *Das Treibhaus.* Frankfurt a. M. 1980.
–, (1954): *Der Tod in Rom.* Frankfurt a. M. 1975.
–, (1973): *Nach Rußland und anderswohin.* Frankfurt a. M.
–, (1976): *Jugend.* Frankfurt a. M.
–, (1979): *Reisen nach Frankreich.* Frankfurt a. M.
–, (1982): *Amerikafahrt.* Frankfurt a. M.
Kohut, Heinz (1977): *Die Heilung des Selbst.* Frankfurt a. M. 1979.
Korn, Karl (1951): Rez. v. W. Koeppen: *Tauben im Gras.* In: FAZ v. 13.10.

Laplanche, Jean u. J.-B. Pontalis (1967): *Das Vokabular der Psychoanalyse.* Frankfurt a. M. 1972.
Lohner, Marlene (1982): *Plötzlich allein: Frauen nach dem Tod ihres Partners.* S. Fischer Verlag, Frankfurt a. M.
Lübbe, Hermann (1983): Es ist nichts vergessen, aber einiges ausgeheilt. Rede gehalten in Berlin vor einem Kongreß im Reichstag. In: FAZ v. 24.1.

Mayer, Hans (1985): *Reden über das eigene Land*. München.
Mitscherlich, Alexander (1963): *Auf dem Weg zur vaterlosen Gesellschaft. Ideen zur Sozialpsychologie*. München.
–, u. Margarete Mitscherlich (1967): *Die Unfähigkeit zu trauern. Grundlagen kollektiven Verhaltens*. München.
Mitscherlich, Margarete (1978): *Das Ende der Vorbilder*. München.
–, (1981): *Die Jugend braucht Vorbilder*. Hamburg.
–, (1985): *Die friedfertige Frau*. Frankfurt a. M.

Nadig, Maya (1980): Auf den Spuren »unwürdiger« Machtstrategien. In: *Berliner Hefte 15*, S. 53 ff.
–, u. Mario Erdheim (1980): Die Zerstörung der wissenschaftlichen Erfahrung durch das akademische Niveau. In: *Berliner Hefte 15*, S. 35 ff.
Naumann, Michael (1983): Parkplatz der Hölle. In: *Die Zeit*, Nr. 9, Magazin.

Parin, Paul (1985): Hexenjagd im Geistigen. In: *Tages-Anzeiger*, Magazin Nr. 14 v. 6.4.
»Psychoanalyse unter Hitler«. Aufsätze in: *Psyche* 1982, *36*, Nr. 11, und in: *Psyche* 1983, *37*, Nr. 12.
»Psychoanalyse unter Hitler«. Dokumentation einer Kontroverse (1984) Hrsg. v. d. Redaktion der Zeitschrift »Psyche« (als Manuskript vervielf.) Frankfurt a. M.

Rühle, Günther (1982): Ein Festival? Das Hitlergedenkjahr. In: FAZ v. 28.12.
–, (1984): Kleinkrieg (Glosse). In: FAZ v. 6.7.
–, (1984): Einschränkungen (Glosse). In: FAZ v. 12.7.

Sereny, Gitta (1979): *Am Abgrund – Eine Gewissensforschung*. Berlin.

Torok, Maria (1983): Trauerkrankheit und Phantasma des »cadavre exquis«. In: *Psyche 37*, S. 497 ff.

Wolf, Christa (1976): *Kindheitsmuster*. Berlin, Weimar.

Verzeichnis eingeflossener Literatur

Adorno Theodor W. (1970): *Erziehung zur Mündigkeit.* Vorträge und Gespräche mit Hellmut Becker 1959–1969. Hrsg. v. G. Kadelbach. Frankfurt a. M.
Arès, Philippe (1976): *Studien zur Geschichte des Todes.* München, Wien.

Bergmann, Martin S. u. Milton E. Jucovy (Hrsg.) (1982): *Generations of the Holocaust.* New York, N.Y.
Bowlby, John (1980): *Verlust, Trauer und Depression.* Frankfurt a. M. 1983. Fischer Taschenbuch 42243.
Brainin, Elisabeth u. Isidor J. Kaminer (1982): Psychoanalyse und Nationalsozialismus. In: *Psyche 36,* S. 989 ff.

Chesler, Phyllis (1972): *Frauen, das verrückte Geschlecht.* Reinbek b. Hamburg 1974.

Dahmer, Helmut (1973): *Libido und Gesellschaft. Studien über Freud und die Freudsche Linke.* Frankfurt a. M.
–, u. Lutz Rosenkötter (1983): Jasager und Weißwäscher. (Kritische Glosse). In: *Psyche 37,* S. 1146 ff.
Devereux, Georges (1976): *Ethnopsychoanalyse.* Frankfurt a. M. 1978.

Eckstaedt, Anita (1982): A victim of the other side. In: Bergmann, Martin S. (1982)
Epstein, Helen (1979): *Children of Holocaust.* Toronto, Ont.

Fest, Joachim C. (1973): *Hitler.* Berlin.
Freud, Anna (1946): *Das Ich und die Abwehrmechanismen.* London repr. 1952. Fischer Taschenbuch 42001.

Gandhi, Mohandas Karamchaud: *Eine Autobiographie oder die Geschichte meiner Experimente mit der Wahrheit.* Gladenbach/Hessen 1977.
–, *Mein Leben.* Frankfurt a. M. 1983.
Gottschalch, Wilfried (1984): *Geschlechterneid.* Berlin.

Habermas, Jürgen (1969): *Protestbewegung und Hochschulreform.* Frankfurt a. M.

–, (1974): *Strukturwandel der Öffentlichkeit*. Frankfurt a. M.
–, (1979): *Erkenntnis und Interesse*. Frankfurt a. M.
–, (1985): *Die neue Unübersichtlichkeit*. Frankfurt a. M.
–, (1986): Eine Art Schadensabwicklung. In: *Die Zeit* v. 11.7.
–, (1986): Vom öffentlichen Gebrauch der Historie. In: *Die Zeit* v. 7.11.
Hillgruber, A. (1986) *Zweierlei Untergang. Die Zerschlagung des Deutschen Reiches und das Ende des europäischen Judentums*. Berlin.
Die »Historiker-Debatte« 1986:
  Nolte, Ernst in: FAZ v. 6.6.
  Habermas, Jürgen in: *Die Zeit* v. 11.7.
  Fest, Joachim in: FAZ v. 29.8.
  Jäckel, Eberhard in: *Die Zeit* v. 12.9.
  Kocka, Jürgen in: *Frankfurter Rundschau* v. 23.9.
  Broszat, Martin in: *Die Zeit* v. 3.10.
  Mommsen, Hans in: *Blätter für Deutsche und Internationale Politik*. H. 10.
  Habermas, Jürgen in: *Die Zeit* v. 7.11.
  Winkler, Heinrich August in: *Frankfurter Rundschau* v. 14.11.
  Meier, Christian in: FAZ v. 20.11.
  Perels, Joachim in: *Frankfurter Rundschau* v. 30.12.
Horkheimer, Max (1936): *Autorität und Familie*. In: Kritische Theorie Bd. 1. Hrsg. v. W. Hennis und H. Maier. Neuwied, Berlin 1965.
Horn, Michael (1982): *Sozialpsychologie des Terrorismus*. Frankfurt a. M., New York.

Jacobson, Edith (1971): *Depression*. Frankfurt a. M. 1977.

Kohut, Heinz (1971): *Narzißmus*. Frankfurt a. M. 1973.

Lasch, Christopher (1979): *Das Zeitalter des Narzißmus*. München 1980.
Lohmann, Hans-Martin u. Lutz Rosenkötter (1982): Psychoanalyse in Hitlerdeutschland. Wie war es wirklich? In: *Psyche 36*, S. 961 ff.
Lowen, Alexander (1983): *Narzißmus: die Verleugnung des wahren Selbst*. München 1984.

Mahler, Margaret, Fred Pine u. Anni Bergman (1975): *Die psychische Geburt des Menschen*. Frankfurt a. M. 1978; Fischer Taschenbuch 6731.
Mann, Heinrich (1914): *Der Untertan*. Leipzig.
Mitscherlich, Alexander (1956): Aggression und Anpassung. In: *Psyche 10*. S. 177 ff.
–, (1965): *Die Unwirtlichkeit unserer Städte*. Anstiftung zum Unfrieden. Frankfurt a. M.
–, (1966): Das soziale und das persönliche Ich. In: *Kölner Zeitschrift für Soziologie 18*, S. 21 ff.
–, (1966 u. 1967): *Krankheit als Konflikt*. I u. II. Studien zur psychosomatischen Medizin. Frankfurt a. M.

–, (1969): Psychosomatische Anpassungsgefährdungen. In: A. Mitscherlich (Hrsg.): *Das beschädigte Leben*. Diagnose und Therapie in einer Welt unabsehbarer Veränderungen. Ein Symposion. München.
–, (1969): *Die Idee des Friedens und die menschliche Aggressivität*. Frankfurt a. M.
–, (1970): *Versuch die Welt besser zu verstehn*. Frankfurt a. M.
–, (1973): *Väter und Väterlichkeit*. In: Mitscherlich: *Gesammelte Schriften*, Bd. 3. Frankfurt a. M. 1983.
–, (1978): *Das Ich und die Vielen. Parteinahmen eines Psychoanalytikers. Ein Lesebuch*. München, Zürich.
Mitscherlich, Margarete (1972): *Müssen wir hassen*. München.
–, (1978): Zur Psychoanalyse der Weiblichkeit. In: *Psyche 32*, S. 669 ff.
Morgenthaler, Fritz (1984): *Gespräche am sterbenden Fluß*. Fischer Taschenbuch 4267.
Myrdal, Alva (1965): Die Veränderungen in der Struktur der Familie in den letzten Jahren. In: *Neue Sammlung 5*, S. 221 ff.
–, u. Viola Klein (1968): *Women's two roles – home and work*. London.

Parin, Paul, Fritz Morgenthaler u. Goldy Parin-Matthèy (1971): *Die Weißen denken zuviel*. Fischer Taschenbuch 42079.
–, *(1971): Fürchte deinen Nächsten wie dich selbst*. Frankfurt a. M.
Parin, Paul (1978): Zunehmende Intoleranz in der Bundesrepublik. In: *Psyche 32*, S. 633 ff.
–, (1983): Die Angst der Mächtigen vor öffentlicher Trauer. In: *Psyche 37*, S. 55 ff.
–, (1985): »The Mark of Oppression«. Ethnopsychoanalytische Studien über Juden und Homosexuelle in einer relativ permissiven Kultur. In: *Psyche 39*, S. 193 ff.
Prokop, Ulrike (1976): *Weiblicher Lebenszusammenhang*. Frankfurt a. M.

Saage, R. (1976): *Faschismustheorien*. München.
Stierlin, Helm (1975): *Adolf Hitler*. Frankfurt a. M.
Strauss, Herbert A. (Hrsg.) (1985): *Antisemitismus: von der Judenfeindschaft zum Holocaust*. Frankfurt a. M., New York.

Weinstein, Fred (1980): *The dynamics of nazism*. New York, N.Y.
Winnicott, D. W. (1965): *Reifungsprozesse und fördernde Umwelt*. Fischer Taschenbuch 42255.

Namen- und Sachregister

Abraham Karl 82f.
Adorno, Theodor W. 95
Aggression 10, 24, 29, 33, 51, 53, 75, 78, 91f., 101ff., 115, 147, 157
Alkoholismus 41, 44f.
Amerikanismus 25, 39
Angst 21, 23, 27, 29, 33, 52, 62, 71, 78, 89ff., 106, 120, 130f.
Anpassung 15, 18, 21f., 31, 60, 63, 89, 158
Antikommunismus 9, 23ff., 31, 33
Antisemitismus 23, 28f., 32f., 99, 102, 105, 111, 134, 140f., 144
Arbeitslosigkeit 32, 41, 89, 118, 141
Arendt, Hannah 38
Atomkrieg 25, 27, 89f., 162
Augstein, Rudolf 141
Ausländer-/Asylantenfeindlichkeit 32, 85f., 119, 144, 148
Außenseiter 21, 23, 31, 123, 129f., 143
Autoritär/antiautoritär 40, 55, 94f., 117

de Beauvoir, Simone 68, 70f., 80
Begin 103
Biedenkopf, Kurt 87f., 93
Blöcker, Günther 99
Böll, Heinrich 18, 144f.

Chasow 27
Chomeini 40

Dahmer, Helmut 25, 47

Dehumanisierung 99, 120, 139, 145, 148
Demonstrationen 10
Depression 44, 56f., 79, 83, 85, 101
Derealisierung 13f., 17, 19, 25, 78, 108, 117, 149
Deutscher, Tamara 24
Dobberthien, Marliese 144
Drogenabhängigkeit 41, 44f., 89

Einstein 87
Emanzipation 94f.
Entnazifizierung 38f.
Erdheim, Mario 54, 79
Erinnerungsarbeit 14, 18, 21ff., 31, 34, 97, 102, 110, 114, 120, 139
Erziehung 15ff., 33, 37, 48, 54, 64, 85
Ethnopsychoanalyse 54

Familienstruktur 42ff.
Faschismus 34, 127
Faßbinder, Rainer Werner 17, 28ff.
Fénelon, Fania 147
Filbinger, Hans 165
Flensburg 153ff.
Frauenbewegung 32, 41, 90f., 94
Frauenrolle 11, 32ff., 42f., 50, 52, 64, 76, 87, 90f., 94f., 136, 152, 154, 164
Freud, Sigmund 21, 33, 47, 48, 51f., 62, 69f., 73, 79, 81, 82f., 153

Namen- und Sachregister

Friedensbewegung 32, 49, 60, 63, 88, 90
Fühmann, Franz 99
Fulda, Konrad 153f.

Gandhi, Mohandas Karamchaud 84, 101
Gefühlsunfähigkeit 34, 50, 56f., 76, 101, 117, 148
Goldmann, Nahum 121
Gorbatschow 90
Grenzsituation 155ff.
Größenphantasien 119
Grünen, die 32, 41
Grundrechte 124

Habermas, Jürgen 49
»Heldenmütter« 147, 152
Historiker 8f., 23, 103
Hitler 9, 17, 24ff., 37, 56, 74, 88, 92, 94, 98ff., 113ff., 121, 124, 131, 139, 141f., 155
»Hitlers Kinder« 117
Holocaust 9, 19, 25, 28, 98
Homosexualität 29, 133, 143
Humor 9, 115, 152ff., 164

Ideale 13ff., 22, 37, 40, 54, 57, 71, 74f., 82, 101f., 114ff., 123, 138, 142f., 149
Idealisierung 11, 13, 51, 75, 79, 94, 101ff., 115ff., 146, 157
Identifikation 13, 16, 23f., 27, 40, 42, 50ff., 61, 69ff., 79f., 94, 101, 110, 114ff., 134ff., 157, 162
Identifikation, mit dem Aggressor 104, 147
Identität 13, 50, 142, 159
Ideologie 11, 16, 48, 88f., 135, 138, 144, 153, 164

Kardiner, Abram 62
Kastrationsangst 33, 52
Kirche 120
Koeppen, Wolfgang 127ff.

Kohut, Heinz 60
Kollektiv/Gruppe 13, 18f., 40, 97, 108, 117, 122, 148
Konzentrationslager (Auschwitz) 8, 14, 25, 30, 39, 100ff., 124, 140, 145ff.
Korn, Karl 127
Kulturbetrieb 127, 129, 163

»Lebensborn« 152
Libido 25, 76, 83ff.
Lohner, Marlene 70
Lübbe, Hermann 16, 38, 141

Machteliten 163f.
Männlichkeit 15, 33f., 43, 64, 94f., 108f.
Majdanek-Prozeß 124
Manichäische Einstellung 27, 91
Manie 82ff., 122
Marx/Marxisten 10, 23
Masochismus 33, 148
Mayer, Hans 15, 30, 111
Meetz, Anni 153
Meinungsfreiheit 163
Melancholie 18, 25, 27, 30f., 70, 73, 82f., 122
Minderheiten 15, 19, 144
Moral 42f., 48ff., 53ff., 62, 64, 72, 129, 132, 142, 144, 146
Mutter 42ff., 47ff., 152
»Musterschüler« 162

Nadig, Maya 79
Narzißmus 25, 27, 50, 57, 61, 63, 110, 121, 143
Nationalgefühl 8f., 15, 25, 74, 119, 155f.
Naumann, Michael 17
Neid-Theorie 118f., 128
Neurose 69
Nostalgie 114
Notfallmechanismen 17f.

Objektbeziehungen 13, 27, 54, 59, 61f., 69ff., 79, 82ff., 109

Namen- und Sachregister

Ödipaler Komplex 52, 61
Ökonomische Einstellung 118ff., 138, 146
Opfer 26ff., 101, 104, 106, 109f., 116, 120, 145
Opportunismus 21, 23, 27, 38, 89, 139, 143

Parin, Paul 91
Piscator, Erwin 131
Progrome 147
Projektion 15, 24, 53, 76f., 85, 87, 91f., 120f., 140, 142
Psychoanalytiker 21f., 64, 78, 105f., 142, 156

Rassenwahn/Rassismus 13, 15f., 54, 85f., 109, 121, 144
Reagan 92
Religion 62f., 82, 143
Riefenstahl, Leni 25, 143
Rühle, Günther 16f., 29
Rüstungsmentalität 25ff., 31ff., 87f., 91, 162

Sadomasochismus 16, 95, 109
Sartre, Jean-Paul 68, 70f., 80
Sauberkeitswahn 10, 148
Schuld- und Schamgefühl 9, 14, 18, 22, 33, 51, 52f., 72ff., 78, 83ff., 91f., 97, 102ff., 118ff., 135, 139f., 145, 157, 161
Sekten 89, 117
Selbstwertgefühl/Selbstentwertung 8, 13, 18, 25, 27, 38, 50, 55, 70, 74, 78, 89, 102, 110, 116f., 121ff.
Sereny, Gitta 100
Stalin 88
Studentenrevolte/Jugendproteste 16, 28, 32, 37, 40f., 45, 49, 93, 100ff., 105, 138
Stunde Null 164
Sündenbock 15, 18f., 25, 29, 33, 53, 87ff., 142, 157
Sympathisanten 10, 124

Terroristen 10, 41, 117, 124, 163
Todestrieb 64
Toleranz 51, 123, 156, 164
Torok, Maria 83
Trauerarbeit 11ff., 61, 67ff., 99, 114ff., 139f., 161
Trauerkrankheit 67ff., 72, 78, 83f.
Treuebegriff 23
Triebwünsche 52, 54, 62, 64, 142f.

Überich 51ff., 58, 74, 142, 144
Umweltzerstörung 26, 31f., 89, 93
Unbewußte, das 142, 159
Utopien 97, 117ff.

Vater 33, 42ff., 47ff., 93f., 101, 105, 120
Verdrängung/Verleugnung 8, 14ff., 27, 38f., 46, 74, 86, 90, 97, 101, 108ff., 138, 141, 145f., 161, 165
Verjährung 116, 121
Verteufelung 54, 103ff., 157
Vietnam-Krieg 123
Vorbilder 39f., 44, 48ff., 55f., 93, 101, 104, 117, 123, 132
Vorurteil 33, 62, 140, 143, 157f.

»Weiße« Generation 14, 28, 30, 106, 145
Zweiter Weltkrieg 7, 19, 37, 41, 89, 107, 154
Widerstand 20, 23f., 30, 37, 45, 106, 108, 110
Wiederaufbau/Wirtschaftswunder 10, 14, 19, 25f., 31f., 39, 63, 97, 119, 122, 137ff., 149, 161, 165
Wiedergutmachung 19f., 27, 31, 84ff., 101
Wiederholungszwang 14, 16, 21, 31, 92, 165
Wolf, Christa 74

Zorn/Wut 72, 110